パターン練習で
英文法が身につく！

中学
全範囲

英文法
パターン
ドリル

杉山 一志

文英堂

本書を手にとってくれたみなさんへ

みなさん，こんにちは。この本の著者の杉山一志です。まずは，数ある英語の参考書や問題集の中から本書を手にとってくれて，本当にありがとうございます。

早速ですが，英文法というとみなさんはどのようなイメージを持っていますか。学校や塾で勉強する「難しい理論」という感じでしょうか。また，英文法など学ばなくても英語はできるようになるという話を耳にしたことがある人もいるかもしれません。

実は，英文法は私たち日本人が外国語としての英語を習得したいと思った場合，非常に役に立つ道具なのです。みなさんは，日本語を使って家族の人やお友だちと特に問題なくコミュニケーションがとれると思いますが，それは生まれてから今日まで，大量の日本語というシャワーを浴びることによって，日本語の規則やルールを特別に学ばなくても，それが自然に身についているからなのです。もし日本語を習得してきたように，**英語でもシャワーを浴びて自然に英語を学ぶとすれば，10 年以上はかかってしまう**でしょう。それに，日本国内で 24 時間 365 日英語にずっと触れる環境を作れる人も少ないのではないでしょうか？

そこで登場するのが「英文法」なのです。「英文法」とは，アメリカ人やイギリス人など英語を母語として生活する人たちが，生まれてから何年もかけて自然に習得する英語のルールを，体系的に学ぶことで学習の効率を上げてくれる，とても便利な道具と言えるのです。

そしてみなさんに知っておいてもらいたいもう 1 つ大切なことがあります。今，小学校から英語教育が行われるようになり，中学受験，高校受験，大学受験，そして社会人の資格試験など，英語力向上を目的として多くの人が一生懸命，英語を学んでくれています。英語が上達するための大切なことはいろいろあるのですが，「英語の仕組みやルール」つまり「英文法」という話になれば，**中学生で学ぶ英文法が最も重要であるということができる**のです。高校生になれば，もっと難しい英文法，社会人で学ぶ英文法はさらに難しいものかと言えば，決してそうではありません。僕の感覚的なものですが，将来的に「読む・書く・聞く・話す」という言葉を用いたコミュニケーションをとるための土台が「英文法」だとして，そのために学ぶべき「英文法」は，中学生のときに学ぶものが全体の 8 割くらいを占めていると言えると思います。

そうしたことから本書では，英語の「肝」とも言える中学 1 年生から 3 年生の学習内容が余すところなく定着するように，1 冊のドリル形式の問題集にしました。みなさんの中から，本書をきっかけに，英語が得意な人が 1 人でも多く誕生してくれることを心より願っています。

杉山　一志

本書の特色と使い方

　本書は，中学校で学習する英語のルール（英文法）を，パターン練習で確実に身につけるためのドリルブックです。

パターン練習とは

　たとえば，**I was playing rugby then.**「私はそのときラグビーをしていました」という例文を，「あなたはそのときテニスをしていました」とします。

　　You were playing tennis then.

次に「その男の子は昨日の午後テニスをしていました」とします。

　　The boy was playing tennis yesterday afternoon.

　このように１つの英文を主語や動詞などを変え，くり返し書いて英文法を覚える練習方法です。

1　中学校で学習するポイントを100セクションにわけてあります。

　中学校で習う英文法を100セクションに細かくわけているので，そのセクションで勉強するポイントや自分のわからないところ，苦手な部分がはっきりします。間違えた部分は何度も復習しましょう。

2　1セクションは2ページで構成しています。

　1セクションは1見開き（2ページ）で構成しています。英語が苦手な人も無理なく進められます。

3　くり返し書くことで英語のルールがきちんと身につきます。

　各セクションは3つの問題から構成されています。文法事項にそった例文をくり返し書いて反復練習をすることで，英語のルールが自然と身についていきます。

3

もくじ

セクション

1. be動詞の現在形（am / are / is）………… 6
2. be動詞の現在形の否定文 ………… 8
3. be動詞の現在形の疑問文と答え方 … 10
4. 一般動詞の現在形 ………… 12
5. 一般動詞の現在形の否定文 ………… 14
6. 一般動詞の現在形の疑問文と答え方 … 16
7. 一般動詞の3人称単数現在 ………… 18
8. 一般動詞の3人称単数現在の否定文 … 20
9. 一般動詞の3人称単数現在の疑問文と答え方 ………… 22
10. be動詞の過去形（was / were）………… 24
11. be動詞の過去形の否定文 ………… 26
12. be動詞の過去形の疑問文と答え方 … 28
13. 一般動詞の過去形 ………… 30
14. 一般動詞の過去形の否定文 ………… 32
15. 一般動詞の過去形の疑問文と答え方 … 34
16. 現在進行形 ………… 36
17. 現在進行形の否定文 ………… 38
18. 現在進行形の疑問文と答え方 ………… 40
19. 過去進行形 ………… 42
20. 過去進行形の否定文 ………… 44
21. 過去進行形の疑問文と答え方 ………… 46
22. 未来：be going to ………… 48
23. 未来：be going toの否定文と疑問文 … 50
24. 未来：will ………… 52
25. 未来：willの否定文と疑問文 ………… 54

確認テスト 1 ………… 56

26. 助動詞can ………… 58
27. 助動詞canの否定文と疑問文と答え方 … 60
28. be able toの文 ………… 62
29. 助動詞must ………… 64
30. 助動詞mustの否定文 ………… 66
31. have to と don't have to ………… 68
32. will be able to と will have to ………… 70
33. さまざまな助動詞表現 ………… 72
34. Would you like 〜？と Would you like to 〜？ ………… 74
35. 疑問詞what ………… 76
36. 疑問詞What＋名詞〜？の文 ………… 78
37. 疑問詞who ………… 80
38. 疑問詞whose ………… 82
39. 疑問詞which ………… 84
40. 疑問詞how / how many / how much … 86
41. how＋形容詞［副詞］の文 ………… 88
42. 疑問詞where, when, why ………… 90
43. 命令文 ………… 92
44. 否定の命令文 ………… 94
45. Let's 〜 . ………… 96
46. There is 〜 . / There are 〜 . ………… 98
47. There is [are] 〜 . の否定文と疑問文 … 100

確認テスト 2 ………… 102

48. 不定詞の名詞的用法 ………… 104
49. 不定詞の副詞的用法 ① ………… 106

4

50	不定詞の副詞的用法 ②	108
51	不定詞の形容詞的用法	110
52	動名詞	112
53	接続詞	114
54	接続詞 if と because	116
55	接続詞 when, before, after	118
56	接続詞 that	120
57	前置詞 ①	122
58	前置詞 ②	124
59	形容詞	126
60	副詞	128
61	比較：原級の as ～ as	130
62	比較級 ①	132
63	比較級 ②	134
64	比較級 ③	136
65	最上級 ①	138
66	最上級 ②	140
67	最上級 ③	142
68	比較級・最上級の慣用表現	144

確認テスト 3 ……………………………… 146

69	受け身［受動態］①	148
70	受け身 ②	150
71	受け身 ③　否定文と疑問文	152
72	現在完了形 ①　経験用法	154
73	現在完了形 ②　完了・結果用法	156
74	現在完了形 ③　継続用法	158
75	現在完了進行形	160
76	現在完了形の否定文	162

77	現在完了形の疑問文と答え方	164
78	How long と How many times	166
79	文型 ①　（SV / SVC / SVO）	168
80	文型 ②　（SVOO）	170
81	文型 ③　（SVOC）	172
82	形式主語の文	174
83	疑問詞 + to + 動詞の原形	176
84	too ～ to ... と ～ enough to ...	178
85	want［would like］+ 人 + to + 動詞の原形	180
86	tell［ask］+ 人 + to + 動詞の原形	182
87	使役動詞と知覚動詞	184

確認テスト 4 ……………………………… 186

88	間接疑問文	188
89	so ～ that の文	190
90	感嘆文	192
91	付加疑問文	194
92	仮定法過去	196
93	I wish + 主語 + 動詞の過去形	198
94	仮定法過去完了（発展）	200
95	現在分詞	202
96	過去分詞	204
97	関係代名詞 ①　主格の who	206
98	関係代名詞 ②　主格の which, that	208
99	関係代名詞 ③　目的格の which, that	210
100	関係代名詞 ④　目的格の that, who	212

確認テスト 5 ……………………………… 214

5

セクション 1

学習日 ○月 ○日　制限時間 30分　答え→別冊 p.2　　／100点

be動詞の現在形
(am / are / is)

「(主語は)～です」という意味を表すbe動詞の現在形には，am / are / is の3つがあります。主語がI(私は)のときにはam，You(あなたは)やWe(私たちは)，They(彼らは)など2人以上または2つ以上のときにはare，I, You以外で1人や1つのときにはisを使います。

I **am** hungry. （私は空腹です）
You **are** happy. （あなた(たち)は幸せです）
He **is** a scientist. （彼は科学者です）

Q1 次の文の(　)内の正しいほうを選び，○で囲みなさい。　　(4点×5＝20点)

☐ (1) 私は幸せです。　　　　I (am / is) happy.

☐ (2) 彼は悲しいです。　　　He (is / are) sad.

☐ (3) 彼女は看護師です。　　She (am / are / is) a nurse.

☐ (4) 彼らは学生です。　　　They (are / am) students.

☐ (5) 私たちは先生です。　　We (is / am / are) teachers.

Q2 次の日本文に合うように，(　)内の語を並べかえなさい。　　(6点×5＝30点)

☐ (1) 私は怒っています。
　　(am / I / angry).

　　_____.

☐ (2) 彼は幸せです。
　　(is / happy / he).

　　_____.

☐ (3) 彼は看護師です。
　　(a / he / nurse / is).

　　_____.

6

- (4) 彼らは先生です。
  (are / teachers / they).
  _____.

- (5) 私たちは学生です。
  (are / we / students).
  _____.

Q3 次の日本文を英語に直しなさい。 （10点×5＝50点）

- (1) 彼は幸せです。
  _____

- (2) 彼女は怒っています。
  _____

- (3) 彼女たちは先生です。
  _____

- (4) 彼は学生です。
  _____

- (5) 私たちは悲しいです。
  _____

ポイント 冠詞の a

be 動詞の後ろには，ものや人の職業などを表す名詞や形容詞が置かれます。1人あるいは1つを表す名詞が置かれる場合には，a teacher のように，名詞の前に a を置きます。この a は「冠詞」と呼ばれ，「1つの・1人の」という意味で使います。

7

セクション2  be動詞の現在形の否定文

am / are / is を使った「(主語は)～ではありません」という否定文は，〈be動詞＋not〉の語順で作ります。is not は isn't, are not は aren't と短縮して表すこともできます。am not には短縮形はなく，I am not は I'm not とします。

He **is** a student. （彼は学生です）

He **is not [isn't]** a student. （彼は学生ではありません）

Q1 次の文の（　）内の正しいほうを選び，○で囲みなさい。　(4点×5＝20点)

(1) 彼女は学生ではありません。　　　She (is not / am not) a student.

(2) これは卵ではありません。　　　　This (are not / is not) an egg.

(3) あれはアルバムではありません。　That (isn't / aren't) an album.

(4) 彼らは怒っていません。　　　　　They (aren't / isn't) angry.

(5) 私たちはミュージシャンではありません。We (aren't / am not) musicians.

Q2 次の日本文に合うように，（　）内の語を並べかえなさい。　(6点×5＝30点)

(1) 私は怒っていません。
(am / I / not / angry).

_____.

(2) 彼は先生ではありません。
(he / is / a / teacher / not).

_____.

(3) あれはリンゴではありません。
(an / isn't / that / apple).

_____.

8

☐ (4) これはゾウではありません。
(elephant / this / isn't / an).

_____.

☐ (5) 彼女はミュージシャンではありません。
(a / musician / she / isn't).

_____.

Q3 次の日本文を英語に直しなさい。 (10点×5＝50点)

☐ (1) 彼は怒っていません。

_____

☐ (2) 私は先生ではありません。

_____

☐ (3) 彼らはミュージシャンではありません。

_____

☐ (4) これはリンゴではありません。

_____

☐ (5) あれは卵ではありません。

_____

ポイント an ＋ 名詞

apple や egg のように a，e，i，o，u の発音から始まっている単語の場合，冠詞には a ではなく an を使い，an apple, an egg とします。

セクション3 be動詞の現在形の疑問文と答え方

am / are / is を使った「(主語は)〜ですか」という疑問文は，主語と be 動詞の語順を入れかえ，文の最後にクエスチョンマーク(?)を置いて作ります。答えるときには，〈Yes, 主語＋be 動詞.〉(はい，そうです)や，〈No, 主語＋be 動詞＋not.〉(いいえ，そうではありません)で答えます。be 動詞で始まる疑問文は，文の終わりを上げて発音します。

You are angry.　(あなたは怒っています)

Are you angry?　(あなたは怒っていますか)
　— Yes, I am.　　　　　　　(はい，怒っています)
　— No, I am not [I'm not].　(いいえ，怒っていません)

Q1 次の文の(　)内の正しいほうを選び，○で囲みなさい。　(4点×5＝20点)

(1) 彼は科学者ですか。— はい，そうです。
(Is he / He is) a scientist? — Yes, he is.

(2) これはリンゴですか。— いいえ，そうではありません。
(This is / Is this) an apple? — No, it is not.

(3) 彼らは先生ですか。— はい，そうです。
(Are they / Is he) teachers? — Yes, they are.

(4) これらは本ですか。— いいえ，そうではありません。
(Is this / Are these) books? — No, they (are / is) not.

(5) 彼は悲しいですか。— はい，悲しいです。
Is he sad? — Yes, (he is / I am).

Q2 次の日本文に合うように，(　)内の語句を並べかえなさい。　(6点×5＝30点)

(1) 彼女は医者ですか。— はい，そうです。
(a / she / is / doctor)? — Yes, she is.

_____?

☐ (2) あれはリンゴですか。— はい，そうです。
(an / apple / that / is)? — Yes, it is.

_____?

☐ (3) あなたたちはよい友だちですか。— はい，そうです。
(you / are / good friends)? — Yes, we are.

_____?

☐ (4) これらはおもしろい本ですか。— いいえ，そうではありません。
(interesting books / are / these)? — No, they are not.

_____?

☐ (5) あなたは幸せですか。— はい，そうです。(you / are / happy)? — Yes, I am.

_____?

Q3 次の日本文を英語に直しなさい。 （10点×5 = 50点）

☐ (1) あなたは医者ですか。— はい，そうです。

_____ — _____

☐ (2) これは卵ですか。— いいえ，そうではありません。

_____ — _____

☐ (3) あれはおもしろい本ですか。— はい，そうです。

_____ — _____

☐ (4) 彼らは幸せですか。— いいえ，そうではありません。

_____ — _____

☐ (5) 彼らはよい友だちですか。— はい，そうです。

_____ — _____

!ポイント〈冠詞＋形容詞＋名詞〉の語順

a book は「1冊の本」ですが，「1冊のおもしろい本」とするときは，〈冠詞＋形容詞＋名詞〉の語順にし，
an interesting book とします。interesting が母音 i で始まっているので，a ではなく an を使います。

This is a book.（これは本です）

This is an interesting book.（これはおもしろい本です）

11

一般動詞の現在形

動詞には, be 動詞のほかに**一般動詞**があります。「食べる」「飲む」「好きである」「話す」など, 一般動詞にはさまざまなものがあります。〈**主語 + 一般動詞**〉の語順で, 「(主語は) ～する」という文を作ることができます。

I **like** soccer. （私はサッカーが好きです）
We **drink** water. （私たちは水を飲みます）
They **play** tennis. （彼らはテニスをします）

Q1 次の文の( )内の正しいほうを選び, ○で囲みなさい。　　(4点×5 = 20点)

(1) 私はオレンジが好きです。
I (am / like) oranges.

(2) あなたは英語を話します。
You (are / speak) English.

(3) 私はバレーボールをします。
I (play / am play) volleyball.

(4) 彼らはたくさんの生徒たちの手伝いをします。
They (help / are help) a lot of students.

(5) 私たちはオレンジジュースを飲みます。
We (are drink / drink) orange juice.

Q2 次の日本文に合うように，（　　）内の語句を並べかえなさい。　　(6点×5＝30点)

☐ (1) 私はクッキーが好きです。
　　　(cookies / I / like).

　　　_____ .

☐ (2) あなたは中国語を話します。
　　　(speak / you / Chinese).

　　　_____ .

☐ (3) 私は野球をします。
　　　(play / I / baseball).

　　　_____ .

☐ (4) 彼らはたくさんの少年たちの手伝いをします。
　　　(help / a lot of boys / they).

　　　_____ .

☐ (5) 私たちはミルクを飲みます。
　　　(drink / milk / we).

　　　_____ .

Q3 次の日本文を英語に直しなさい。　　(10点×5＝50点)

☐ (1) 私たちはクッキーが好きです。

　　　_____

☐ (2) 彼らは英語を話します。

　　　_____

☐ (3) 私は中国語を話します。

　　　_____

☐ (4) 彼らはバレーボールをします。

　　　_____

☐ (5) 私はたくさんの生徒たちの手伝いをします。

　　　_____

セクション 5 一般動詞の現在形の否定文

一般動詞を使った「(主語は)〜しません」という否定文は，**一般動詞の前に do not を置いて**表します。do not は，don't という短縮形で使うこともできます。

We　　　　　　　play soccer.（私たちはサッカーをします）
↓
We **do not**[**don't**] play soccer.（私たちはサッカーをしません）

 1 次の文の(　)内の正しいほうを選び，○で囲みなさい。　　（4点×5＝20点）

☐ (1) 私はその本が好きではありません。
　　I (am not like / do not like) the book.

☐ (2) 私は英語を勉強しません。
　　I (do not study / not study) English.

☐ (3) 私たちはゴルフをしません。
　　We (are not play / do not play) golf.

☐ (4) 彼らは肉を食べません。
　　They (don't / aren't) eat meat.

☐ (5) 私たちはコーヒーを飲みません。
　　We (aren't / don't) drink coffee.

Q2 次の日本文に合うように，（　　）内の語を並べかえなさい。 （6点×5＝30点）

☐ (1) 私はその本を読みません。
(read / not / I / do) the book.

_____ the book.

☐ (2) 私はスペイン語を勉強しません。
(not / study / I / do) Spanish.

_____ Spanish.

☐ (3) 彼らはゴルフをしません。
(not / they / play / do / golf).

_____.

☐ (4) 私たちは肉を食べません。
(eat / meat / we / don't).

_____.

☐ (5) 彼らは紅茶を飲みません。
(tea / don't / they / drink).

_____.

Q3 次の日本文を英語に直しなさい。 （10点×5＝50点）

☐ (1) 私は野球をしません。

_____

☐ (2) 私たちは英語を話しません。

_____

☐ (3) 私は肉を食べません。

_____

☐ (4) 私はこの映画が好きではありません。

_____

☐ (5) 彼らは緑茶 (green tea) を飲みません。

_____

セクション6 一般動詞の現在形の疑問文と答え方

一般動詞を使った「(主語は)〜しますか」という疑問文は，文頭に **Do** を置き，〈Do＋主語＋一般動詞 〜？〉という語順で表します。答えるときには，〈Yes, ＋主語＋do.〉(はい，します)や〈No, ＋主語＋do not[don't].〉(いいえ，しません)で答えます。Do で始まる疑問文は，文の終わりを上げて発音します。

　　　　　You study English. (あなたは英語を勉強します)
　　　Do you study English? (あなたは英語を勉強しますか)
　　　　— **Yes, I do**. (はい，します)
　　　　— **No, I do not[don't]**. (いいえ，しません)

Q1 次の文の(　)内の正しいほうを選び，○で囲みなさい。　(4点×5＝20点)

(1) あなたはチョコレートが好きですか。— はい，好きです。
(Do you like / Are you like) chocolates?
— Yes, I do.

(2) あなたは中国語を勉強しますか。— いいえ，しません。
(Are you study / Do you study) Chinese?
— No, I do not.

(3) あなたたちは車を持っていますか。— はい，持っています。
(Do you have / Do they have) a car?
— Yes, we do.

(4) 彼らは小説を読みますか。— いいえ，読みません。
(Do they read / Do you have) novels?
— No, they (aren't / don't).

(5) トムとケンはジュースを飲みますか。— はい，飲みます。
(Do Tom and Ken drink / Are Tom and Ken drink) juice?
— Yes, (they do / he is).

16

Q2 次の日本文に合うように，（　）内の語句を並べかえなさい。 （6点×5＝30点）

□ (1) あなたは英語が好きですか。— はい，好きです。
(English / you / like / do)? — Yes, I do.

_____?

□ (2) あなたは日本語を勉強しますか。— いいえ，しません。
(study / Japanese / you / do)? — No, I do not.

_____?

□ (3) 彼らは車を持っていますか。— はい，持っています。
(a car / do / they / have)? — (do / , / yes / they).

_____? — _____.

□ (4) 彼らはこれらの本を読みますか。— いいえ，読みません。
(these books / read / do / they)? — (, / no / don't / they).

_____? — _____.

□ (5) メアリーとマイクは野菜を食べますか。— はい，食べます。
(vegetables / Mary and Mike / eat / do)? — (they / yes / , / do).

_____? — _____.

Q3 次の日本文を英語に直しなさい。 （10点×5＝50点）

□ (1) あなたはサッカーをしますか。— はい，します。

_____ — _____

□ (2) あなたたちは英語を話しますか。— いいえ，話しません。

_____ — _____

□ (3) 彼らはおもしろい本を持っていますか。— はい，持っています。

_____ — _____

□ (4) トム（Tom）とケンはミルクを飲みますか。— いいえ，飲みません。

_____ — _____

□ (5) あなたとモニカ（Monica）は野菜を食べますか。— はい，食べます。

_____ — _____

セクション 7

一般動詞の3人称単数現在

he（彼は），Ken（ケンは），this（これは）のような，I と You 以外の1人や1つのものが主語のときには，動詞の語尾に s をつけて文を作ります。この s のことを「3人称単数現在の s」と呼び，略して3単現の s といいます。

You eat sandwiches for lunch.（あなた（たち）は昼食にサンドイッチを食べます）

She eats sandwiches for lunch.（彼女は昼食にサンドイッチを食べます）

一般動詞に s をつけるときのいくつかのルールも確認しておきましょう。

語尾にそのまま s をつける	eats / plays など
s / sh / ch / x / o で終わる動詞には es をつける	washes / watches / goes など
〈子音字＋y〉で終わる動詞は語尾の y を i にかえて es をつける	study → studies / fly → flies など
つづりが変わる	have → has / do → does

  1 次の文の（　）内の正しいほうを選び，○で囲みなさい。 （4点×5＝20点）

□ (1) 彼女は英語を流ちょうに話します。
　　She (speaks / speak) English fluently.　　　　　fluently「流ちょうに」

□ (2) 彼は昼食にサンドイッチを食べます。
　　He (eats / eat) sandwiches for lunch.

□ (3) 私の父は毎週日曜日に映画を見ます。
　　My father (watch / watches) movies on Sundays.

□ (4) 彼は毎週土曜日に学校に行きます。
　　(He goes / He go) to school on Saturdays.

□ (5) ボブはアメリカにたくさんの友だちを持っています。
　　(Bob have / Bob has) a lot of friends in America.

Q2 次の日本文に合うように，（　　）内の語句を並べかえなさい。　(6点×5＝30点)

☐ (1) 彼女は上手にスペイン語を話します。
(Spanish / she / speaks) well.

_____ well.

☐ (2) その女性は昼食にサンドイッチを食べます。
(sandwiches / the woman / eats) for lunch.

_____ for lunch.

☐ (3) 私の父は夜に映画を見ます。
(movies / father / my / watches) at night.

_____ at night.

☐ (4) 私の姉は毎週日曜日に学校へ行きます。
(goes / sister / my / to school) on Sundays.

_____ on Sundays.

☐ (5) ベスはオフィスにたくさんのコンピューターを持っています。
(computers / has / Beth / a lot of) in her office.

_____ in her office.

Q3 次の日本文を英語に直しなさい。　(10点×5＝50点)

☐ (1) 彼は英語を上手に話します。

_____

☐ (2) 彼女は昼食にハンバーガー（hamburger）を１つ食べます。

_____

☐ (3) 私の兄はアメリカ（America）に多くの友人を持っています。

_____

☐ (4) 私の母は毎週土曜日に映画を見ます。

_____

☐ (5) アラン（Alan）は日本に多くの友人がいます。

_____

セクション 8 一般動詞の3人称単数現在の否定文

主語が3人称単数の一般動詞の否定文は，**一般動詞の前に does not を置き**，一般動詞をもとの形（原形）に戻します。does not は **doesn't** という短縮形を使うこともできます。

She washes the dishes.（彼女は皿を洗います）
She does not [doesn't] wash the dishes.（彼女は皿を洗いません）

Q1 次の文の（　）内の正しいほうを選び，○で囲みなさい。

（4点×5＝20点）

(1) 彼は公園の中を走りません。
He (do not run / does not run) in the park.

(2) 彼女は彼女の息子に手紙を書きません。
She (does not write / does not writes) a letter to her son.

(3) 私の祖父はバイオリンを弾きません。
My grandfather (don't plays / doesn't play) the violin.

(4) 私の祖母は夕食後，皿を洗いません。
My grandmother (doesn't wash / doesn't washes) the dishes after dinner.

(5) アルバートは朝早くにオフィスへ行きません。
Albert (don't go / doesn't go) to his office early in the morning.

Q2 次の日本文に合うように，（　　）内の語句を並べかえなさい。　　（6点×5＝30点）

☐ (1) 私の祖母は車を運転しません。
(drive / not / grandmother / my / a car / does).

_____.

☐ (2) 彼は彼の娘に電話をしません。
(not / his / call / daughter / he / does).

_____.

☐ (3) デイビッドは毎週末は出かけません。
(out / go / David / doesn't) on weekends.

_____ on weekends.

☐ (4) 彼女のお母さんはテニスをしません。
(tennis / mother / play / doesn't / her).

_____.

☐ (5) トムはテレビを見ません。
(watch / Tom / doesn't / TV).

_____.

Q3 次の日本文を英語に直しなさい。　　（10点×5＝50点）

☐ (1) 私の息子は英語の勉強をしません。

_____

☐ (2) 彼はピアノを弾きません。

_____

☐ (3) 彼女は毎週末は出かけません。

_____

☐ (4) 彼のお父さんは車を運転しません。

_____

☐ (5) 私の母はコンピューターを使いません。

_____

セクション 9

一般動詞の3人称単数現在の疑問文と答え方

主語が3人称単数の一般動詞の疑問文は，文頭に Does を置きます。そして，否定文のときと同じように**動詞は原形に戻し**，〈Does＋主語＋動詞の原形 ～？〉という語順にします。答え方は，Yes の場合は〈Yes, 主語＋does.〉，No の場合は〈No, 主語＋does not [doesn't].〉で表します。

Sam **visits** Kyoto every year. （サムは毎年，京都を訪れます）

Does Sam **visit** Kyoto every year**?** （サムは毎年，京都を訪れますか）
— **Yes**, **he does**. （はい，訪れます）
— **No**, **he does not [doesn't]**. （いいえ，訪れません）

Q1 次の文の（　）内の正しいほうを選び，○で囲みなさい。 （4点×5＝20点）

☐ (1) 彼は毎月，大阪を訪れますか。— はい，訪れます。
(Does he visit / Do he visit) Osaka every month?
— Yes, he does.

☐ (2) 彼のお父さんは車を持っていますか。— いいえ，持っていません。
(Does his father have / Does his father has) a car?
— No, he doesn't.

☐ (3) その男性はあなたに英語を教えますか。— はい，教えます。
(Does the man teach / Does the man teaches) English to you?
— Yes, he does.

☐ (4) その女性は車でオフィスへ行きますか。— いいえ，行きません。
(Does the woman goes / Does the woman go) to her office by car?
— No, (she doesn't / she don't).

☐ (5) マイクはサッカーを楽しんでいますか。— はい，楽しんでいます。
(Do Mike enjoy / Does Mike enjoy) soccer?
— Yes, (he does / he enjoy).

Q2 次の日本文に合うように，（　　）内の語句を並べかえなさい。　　（6点×5＝30点）

□ (1) 彼女は毎年，ニューヨークを訪れますか。— はい，訪れます。
(she / does / New York / visit) every year? — Yes, she does.

_____ every year?

□ (2) あなたのお父さんは大きな車を持っていますか。— はい，持っています。
(have / your father / does / a large car)? — Yes, he does.

_____ ?

□ (3) その女性はあなたに理科を教えますか。— はい，教えます。
(science / the woman / does / teach) to you? — Yes, she does.

_____ to you?

□ (4) その男性は毎日，オフィスまで歩きますか。— いいえ，歩きません。
(to his office / the man / does / walk) every day? — (he / no / , / doesn't).

_____ every day? — _____.

□ (5) スージーは彼女の生活を楽しみますか。— はい，楽しみます。
(does / enjoy / Suzy / life / her)? — (she / yes / , / does).

_____? — _____.

Q3 次の日本文を英語に直しなさい。　　（10点×5＝50点）

□ (1) 彼はスマートフォン (a smartphone) を持っていますか。— はい，持っています。

_____ — _____

□ (2) 彼女は毎日，学校まで歩いて行きますか。— いいえ，歩いては行きません。

_____ — _____

□ (3) その男性はあなたに英語を教えますか。— はい，教えます。

_____ — _____

□ (4) その女性は車を運転しますか。— いいえ，しません。

_____ — _____

□ (5) メアリー (Mary) は日本語を勉強しますか。— はい，します。

_____ — _____

23

セクション 10 be動詞の過去形（was / were）

be動詞（am / are / is）は「～です」という意味で，現在の状態を表すときに使いましたが，「～でした」と過去のことを表すときには，amとisはwas，areはwereという形にして使います。

He **is** angry now. （彼は今，怒っています）

He **was** angry yesterday. （彼は昨日，怒っていました）

Q1 次の文の(　)内の正しいほうを選び，○で囲みなさい。　(4点×5＝20点)

(1) 私は昨晩，とても悲しかったです。
I (was / am) very sad last night.

(2) 私の父はそのとき，怒っていました。
My father (was / is) angry at that time.

(3) 私の娘は昨年，看護師でした。
My daughter (is / was) a nurse last year.

(4) 彼らはよい生徒でした。
They (were / are) good students.

(5) その小さな子どもは公園にいました。
The little child (was / were) in the park.

Q2 次の日本文に合うように，(　)内の語句を並べかえなさい。　(6点×5＝30点)

(1) 彼は昨晩，とても忙しかったです。
(very / was / he / busy) last night.

_____ last night.

(2) 私はそのとき，お腹が空いていました。
(was / I / hungry) at that time.

_____ at that time.

24

☐ (3) 私の母はそのとき看護師でした。
(my / was / mother / a nurse) then.
_____ then.

☐ (4) 彼らはよい友だちでした。
(friends / were / they / good).
_____.

☐ (5) あれらのネコは昨日，テーブルの下にいました。
(were / under the table / those cats) yesterday.
_____ yesterday.

Q3 次の日本文を英語に直しなさい。 （10点×5＝50点）

☐ (1) 彼女は先週，とても忙しかったです。
_____

☐ (2) 私はそのとき（then）公園にいました。
_____

☐ (3) 私たちはよい友だちでした。
_____

☐ (4) 彼らは昨日，図書館にいました。
_____

☐ (5) その小さな（little）少年は昨日，病院にいました。
_____

ポイント　「～がある，～がいる」という意味の be 動詞

　be 動詞の後ろには形容詞や名詞が置かれるほか，in the park（公園の中に）や on the table（テーブルの上に）のような〈前置詞＋名詞〉の意味のカタマリが置かれることがあります。その場合の be 動詞は，「～がある，～がいる」という意味になります。

　The bikes **are** in the park.（その自転車は公園にあります）
　The cat **was** on the table.（そのネコはテーブルの上にいました）

セクション

11

学習日 ◯ 月 ◯ 日　⏱ 制限時間 **30** 分　答え→別冊 p.4　／ **100点**

be動詞の過去形の否定文

be動詞の過去形の否定文は，be動詞の後ろに not を置いて作ります。つまり，was not や were not となります。was not は wasn't，were not は weren't と短縮して使うこともできます。

I **was** hungry at that time. （私はそのとき，空腹でした）

I **was not**[**wasn't**] hungry at that time.

（私はそのとき，空腹ではありませんでした）

Q1 次の文の（　　）内の正しいほうを選び，◯で囲みなさい。　（4点×5 = 20点）

☐ (1) 彼女は先週の月曜日，それほど忙しくありませんでした。

She (was not / not was) very busy last Monday.

☐ (2) その男性は若い頃，裕福ではありませんでした。

The man (was not / were not) rich in his youth.

in one's youth「（～の）若い頃」

☐ (3) 彼のお姉さんは，そのニュースに驚きませんでした。

His sister (weren't / wasn't) surprised at the news.

☐ (4) その教科書は役に立ちませんでした。

The textbooks (weren't / wasn't) useful.

☐ (5) あれらの映画はおもしろくありませんでした。

Those movies (were not / was not) interesting.

26

Q2 次の日本文に合うように，（　　）内の語を並べかえなさい。 （6点×5＝30点）

□ (1) 彼はそのとき，空腹ではありませんでした。
(was / he / not / hungry) then.

_____ then.

□ (2) その女性はそのとき，のどがかわいていませんでした。
(not / woman / the / was / thirsty) at that time.

_____ at that time.

□ (3) 私の姉は，そのニュースに驚きませんでした。
(sister / surprised / wasn't / my) at the news.

_____ at the news.

□ (4) あれらの授業はよくありませんでした。
(lessons / not / were / good / those).

_____ .

□ (5) その教科書は高くありませんでした。
(expensive / textbooks / weren't / the).　　　expensive「高価な」

_____ .

Q3 次の日本文を英語に直しなさい。 （10点×5＝50点）

□ (1) 彼女は空腹ではありませんでした。

_____

□ (2) この本は役立つものではありませんでした。

_____

□ (3) これらのコンピューターは高価ではありませんでした。

_____

□ (4) 彼は忙しくありませんでした。

_____

□ (5) 彼らはそのとき（at that time）公園にいませんでした。

_____

セクション 12

be動詞の過去形の疑問文と答え方

学習日 ◯月 ◯日　制限時間 **30**分　答え→別冊 p.5　　／100点

---

be動詞の過去形の疑問文は，be動詞を文頭に置いて作ります。be動詞の現在形のときと同じ作り方です。答え方は〈Yes, 主語＋was / were.〉，〈No, 主語＋was / were + not.〉のように作ります。

　　　　Maggie **was** busy last night. （マギーは昨晩，忙しかったです）

　　Was Maggie 　　　busy last night? （マギーは昨晩，忙しかったのですか）
　　　　—**Yes**, she was. （はい，忙しかったです）
　　　　—**No**, she was not[wasn't]. （いいえ，忙しくありませんでした）

Q1 次の文の（　）内の正しいほうを選び，◯で囲みなさい。　　（4点×5＝20点）

☐ (1) その男性は若い頃，人気がありましたか。— いいえ，ありませんでした。
(The man was / Was the man) popular in his youth?
— No, he was not.

☐ (2) 彼のお姉さんは，そのニュースに驚きましたか。— はい，驚きました。
(Was his sister / His sister was) surprised at the news?
— Yes, she was.

☐ (3) これらの本はおもしろかったですか。— いいえ，おもしろくありませんでした。
(Was this book / Were these books) interesting?
— No, they weren't.

☐ (4) その小さな少年たちは昨晩，うるさかったですか。— はい，うるさかったです。
(Were the little boys / Was the little boy) noisy last night?
— Yes, (they do / they were).

☐ (5) あなたのおばさんは先月，とても忙しかったのですか。— はい，忙しかったです。
(Your aunt was / Was your aunt) very busy last month?
— Yes, (she was / they were).

Q2 次の日本文に合うように，（　　）内の語句を並べかえなさい。　　(6点×5＝30点)

□ (1) 彼は先月，とても忙しかったのですか。— はい，忙しかったです。
(very / he / was / busy) last month? — Yes, he was.

_____ last month?

□ (2) 彼女は若い頃，有名でしたか。— はい，有名でした。
(she / was / famous) in her youth? — Yes, she was.

_____ in her youth?

□ (3) あなたのお兄さんは，そのニュースに驚きましたか。— いいえ，驚きませんでした。
(brother / was / surprised / your) at the news? — No, he wasn't.

_____ at the news?

□ (4) その芸人はおもしろかったですか。— いいえ，おもしろくありませんでした。
(the / funny / comedians / were)? — (weren't / no /, / they).

_____? — _____.

□ (5) その小さな子どもたちは昨日，うるさかったですか。— はい，うるさかったです。
(little children / noisy / were / the) yesterday?
— (they / , / were / yes).

_____ yesterday? — _____.

Q3 次の日本文を英語に直しなさい。　　(10点×5＝50点)

□ (1) 彼は若い頃，有名でしたか。— はい，有名でした。

_____ — _____

□ (2) あなたのお父さんは，そのニュースに驚きましたか。— いいえ，驚きませんでした。

_____ — _____

□ (3) この本はおもしろかったですか。— はい，おもしろかったです。

_____ — _____

□ (4) その小さな子どもたちはうるさかったですか。— いいえ，うるさくありませんでした。

_____ — _____

□ (5) 彼女は昨日，忙しかったですか。— はい，忙しかったです。

_____ — _____

29

セクション **13**

学習日 ◯ 月 ◯ 日　制限時間 **30** 分　答え→別冊 p.5　／ 100点

一般動詞の過去形

一般動詞を使って「〜しました」と過去のできごとについていう場合は，一般動詞に **ed** をつけて表します。

I **visit** Osaka every year. （私は毎年，大阪を訪れます）

I **visited** Osaka last year. （私は昨年，大阪を訪れました）

語尾に **ed** をつけるときのルールも確認しておきましょう。

ed をつける	visit**ed** / play**ed** など
e で終わるときは，**d** だけつける	like**d** / love**d** など
〈子音字＋**y**〉で終わるときは，**y** を **i** に変えて **ed** をつける	study → stud**ied** / cry → cr**ied** など
〈短母音＋子音字〉で終わるときは，子音字を重ねて **ed** をつける	stop → stop**ped** など
語全体のつづりが**不規則に変化する**	go → went / have → had / write → wrote sell → sold / take → took など

Q 1 次の文の（　）内の正しいほうを選び，◯で囲みなさい。 （4点×5 = 20点）

☐ (1) その男性は先月，ローマを訪れました。
The man (visited / visit) Rome last month.

☐ (2) その生徒たちは，とても熱心に数学と理科を勉強しました。
The students (studied / studying) math and science very hard.

☐ (3) 彼は世界中に多くの友人を持っていました。
He (has / had) a lot of friends around the world.

☐ (4) 彼女は昨日，図書館に行きました。
She (went / goes) to the library yesterday.

☐ (5) その女性は，彼女の息子に手紙を書きました。
The woman (writing / wrote) a letter to her son.

Q2 次の日本文に合うように，（　）内の語句を並べかえなさい。 （6点×5＝30点）

☐ (1) 彼は昨年，彼自身のビジネスを始めました。
(own business / started / his / he) last year.

_____ last year.

☐ (2) 彼女は毎日，バイオリンを弾きました。
(played / the / she / violin) every day.

_____ every day.

☐ (3) その生徒たちは昨晩，パーティーを楽しみました。
(party / students / the / enjoyed / the) last night.

_____ last night.

☐ (4) その若い男性は昨年，数台の車を売りました。
(cars / young / the / man / sold / some) last year.

_____ last year.

☐ (5) その写真家は富士山の写真を撮りました。
(the / took / photographer / a picture) of Mt. Fuji.

_____ of Mt. Fuji.

Q3 次の日本文を英語に直しなさい。 （10点×5＝50点）

☐ (1) 彼はたくさんの（a lot of）車を持っていました。

_____

☐ (2) 彼女は先週，北海道を訪れました。

_____

☐ (3) 彼女は昨日，ギターを演奏しました。

_____

☐ (4) 私の父は昨日，図書館に行きました。

_____

☐ (5) 私たちは富士山の写真を数枚買いました（bought）。

_____

セクション14 一般動詞の過去形の否定文

一般動詞の過去形の否定文は，動詞の前に did not をつけ，動詞は原形（もとの形）に戻し，〈主語 + did not + 動詞の原形 〜 .〉という形にします。did not は，短縮して didn't とすることもできます。

They **studied** science last night.
（彼らは昨晩，理科を勉強しました）

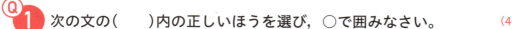

They **did not** [**didn't**] **study** science last night.
（彼らは昨晩，理科を勉強しませんでした）

Q1 次の文の（　）内の正しいほうを選び，○で囲みなさい。 （4点×5＝20点）

(1) 彼女は昨日，英語の勉強をしませんでした。
She (did not study / did not studied) English yesterday.

(2) 彼は昨晩，まったく何も食べませんでした。
He (did not eat / did not ate) anything at all last night.

(3) その学生たちは先週の月曜日に，彼らの先生と話をしませんでした。
The students (didn't talked / didn't talk) with their teacher last Monday.

(4) その男性は先週の金曜日，友人に会いませんでした。
The man (didn't meet / didn't met) his friends last Friday.

(5) その女性は昨日，新聞を読みませんでした。
The woman (didn't read / didn't reading) the newspaper yesterday.

Q2 次の日本文に合うように，（　　　）内の語句を並べかえなさい。　　（6点×5＝30点）

☐ (1) 彼は昨晩，ミルクを飲みませんでした。
(milk / did / he / not / drink) last night.

_____ last night.

☐ (2) 彼女は昨日，日本史を学びませんでした。
(Japanese history / did / not / learn / she) yesterday.

_____ yesterday.

☐ (3) その生徒たちは，自分たちの先生を忘れませんでした。
(students / their teacher / didn't / the / forget).

_____ .

☐ (4) その男性は先週の金曜日まで，ヘレンのことを知りませんでした。
(man / didn't / the / know / Helen) until last Friday.

_____ until last Friday.

☐ (5) その女の子は昨日，教科書を持ってきませんでした。
(girl / the / textbooks / bring / didn't / the) yesterday.

_____ yesterday.

Q3 次の日本文を英語に直しなさい。　　（10点×5＝50点）

☐ (1) その女の子は昨日，英語の教科書を持ってきませんでした。

_____

☐ (2) その男の子は，彼の先生の名前を忘れませんでした。

_____

☐ (3) 彼は先週の金曜日，彼の先生と話をしませんでした。

_____

☐ (4) 私たちは昨日，英語の勉強をしませんでした。

_____

☐ (5) 彼は昨日まで，トム（Tom）のことを知りませんでした。

_____

セクション 15

一般動詞の過去形の疑問文と答え方

一般動詞の過去形の疑問文は，文頭に **Did** を置いて表します。疑問文のときにも，否定文と同じように動詞を原形に戻し，〈**Did** + 主語 + 動詞の原形 〜?〉という語順にします。答え方は，Yes のときは〈**Yes**, 主語 + **did**.〉，No のときは〈**No**, 主語 + **did not [didn't]**.〉で表します。

Ken **invited** you to the party yesterday.
（ケンは昨日，あなたをパーティーに招待しました）

Did Ken **invite** you to the party yesterday**?**
（ケンは昨日，あなたをパーティーに招待しましたか）

— **Yes**, **he did**. （はい，招待しました）
— **No**, **he did not [didn't]**. （いいえ，招待しませんでした）

Q1 次の文の（　）内の正しいほうを選び，○で囲みなさい。　　　（4点×5＝20点）

☐ (1) あなたは彼をパーティーに招待しましたか。— はい，招待しました。
(Did you invite / Did you invited) him to the party? — Yes, I did.

☐ (2) 彼は先週，コンピューターを買いましたか。— いいえ，買いませんでした。
(Did he buy / Did he bought) a computer last week? — No, he didn't.

☐ (3) タカシは先週の金曜日，テストに合格しましたか。— はい，合格しました。
(Did Takashi pass / Does Takashi pass) the examination last Friday?
— Yes, he (did / was).

☐ (4) あなたのお母さんは，あなたの誕生日にケーキを作りましたか。
— いいえ，作りませんでした。
(Does your mother make / Did your mother make) a cake for your birthday? — No, (she / I) didn't.

☐ (5) その女性は電話で，あなたの質問に答えましたか。— はい，答えました。
(Did the woman answer / Did the woman answered) your questions on the phone? — Yes, (I did / she did).

Q2 次の日本文に合うように，（　　）内の語句を並べかえなさい。　(6点×5＝30点)

□ (1) あなたは今朝，朝食を食べましたか。— はい，食べました。
(breakfast / you / did / eat) this morning? — Yes, I did.

_____ this morning?

□ (2) 彼は先週，彼の息子に手紙を書きましたか。— いいえ，書きませんでした。
(to his son / did / write / he / a letter) last week? — No, he didn't.

_____ last week?

□ (3) ナンシーは大阪城の絵を描きましたか。— はい，描きました。
(draw / a picture / did / Nancy) of Osaka Castle? — Yes, she did.

_____ of Osaka Castle?

□ (4) あなたのお母さんはアップルパイを作りましたか。— いいえ，作りませんでした。
(an apple pie / mother / did / make / your)? — (she / no / , / didn't).

_____? — _____.

□ (5) その教授は，メールであなたの質問に答えましたか。— はい，答えました。
(questions / the professor / answer / did / your) by e-mail?
— (did / , / yes / she).

_____ by e-mail? — _____.

Q3 次の日本文を英語に直しなさい。　(10点×5＝50点)

□ (1) あなたのお父さんは夕食を作りましたか。— はい，作りました。

_____ — _____

□ (2) 彼女は昨日，彼女の息子に手紙を書きましたか。— いいえ，書きませんでした。

_____ — _____

□ (3) あなたのお姉さんは先週，アップルパイを作りましたか。— はい，作りました。

_____ — _____

□ (4) 彼女は富士山（Mt. Fuji）の絵を描きましたか。— いいえ，描きませんでした。

_____ — _____

□ (5) あなたの先生はあなたの質問に答えましたか。— はい，答えました。

_____ — _____

35

セクション 16　現在進行形

学習日　月　日　制限時間 **30** 分　答え→別冊 p.6　／ 100点

現在進行形は，「**今ある動作が行われている**」ことを表すときに使います。文の形は〈**be動詞＋一般動詞の ing 形**〉で表し，「〜しているところです」という意味になります。be動詞の am / are / is は，主語に合わせて使いわけましょう。

I **study**　　　　English every day.　（私は毎日，英語を勉強します）

I **am studying** English now.　（私は今，英語を勉強しているところです）

一般動詞の ing 形の作り方のルールを覚えましょう。

そのまま ing をつける	study**ing** / listen**ing**　など
語尾が **e** のときは，**e** を取って **ing** をつける	tak**ing** / writ**ing**　など
語尾が〈短母音＋子音字〉のときは，子音を重ねて **ing** をつける	sit**ting** / run**ning** / swim**ming**　など

Q 1　次の文の（　）内の正しいほうを選び，○で囲みなさい。　（4点×5＝20点）

□ (1) 私は今，理科を勉強しているところです。
I (am studying / is studying) science now.

□ (2) 彼は今，音楽を聞いているところです。
He (is listening / listens) to music now.

□ (3) 私の生徒たちは今，試験を受けているところです。
My students (is taking / are taking) some tests now.

□ (4) その男性は，両親に手紙を書いているところです。
The man (writing / is writing) a letter to his parents.

□ (5) 私の兄たちは公園でテニスをしているところです。
My brothers (are playing / is playing) tennis in the park.

Q2 次の日本文に合うように，（　　　）内の語句を並べかえなさい。　　　（6点×5＝30点）

□ (1) 私は今，公園を歩いているところです。
(I / walking / am) in the park now.

_____ in the park now.

□ (2) 私の父は図書館で新聞を読んでいるところです。
(is / my father / a newspaper / reading) in the library.

_____ in the library.

□ (3) その男性たちは今，写真を撮影しているところです。
(men / taking / some pictures / the / are) now.

_____ now.

□ (4) 彼は今，新しい車を運転しているところです。
(driving / is / new / he / car / a) now.

_____ now.

□ (5) あれらの男性と女性は音楽に合わせて踊っているところです。
(those / are / men and women / dancing) to the music.

_____ to the music.

Q3 次の日本文を英語に直しなさい。　　　（10点×5＝50点）

□ (1) 私たちは今，公園を歩いているところです。

_____

□ (2) 彼は今，部屋で本を読んでいるところです。

_____

□ (3) 私の姉は今，音楽を聞いているところです。

_____

□ (4) 私の両親は今，公園でテニスをしているところです。

_____

□ (5) 彼らは今，音楽に合わせて踊っているところです。

_____

セクション 17 現在進行形の否定文

現在進行形の否定文の「〜しているところではありません」は，**be 動詞の後ろ**に not をつけて表します。is not は isn't，are not は aren't のように短縮して使えます。

He **is** **watching** a movie now.
（彼は今，映画を見ているところです）

He **is not**[**isn't**] **watching** a movie now.
（彼は今，映画を見ているところではありません）

Q1 次の文の（ ）内の正しいほうを選び，○で囲みなさい。 (4点×5＝20点)

(1) 私は今，手紙を読んでいるところではありません。
I (not reading / am not reading) the letter now.

(2) その男性は今，眠っているところではありません。
The man (isn't sleeping / aren't sleeping) now.

(3) 彼は今，ラジオを聞いているところではありません。
He (is not listening / not is listening) to the radio now.

(4) 私の生徒たちは今，公園を走っているところではありません。
My students (are not running / are not run) in the park now.

(5) 私たちの友人は今，プールで泳いでいるところではありません。
Our friends (isn't swimming / aren't swimming) in the pool now.

Q2 次の日本文に合うように，（　　）内の語句を並べかえなさい。 （6点×5＝30点）

□ (1) 私は今，その本を読んでいるところではありません。
(I / not / am / reading) the book now.

_____ the book now.

□ (2) その男性は今，彼の車を運転しているところではありません。
(his car / man / isn't / the / driving) now.

_____ now.

□ (3) 私の生徒たちは今，彼ら自身のコンピューターを使っているところではありません。
(own computers / my students / using / aren't / their) now.

_____ now.

□ (4) 私たちの友人は，劇場で映画を見ているところではありません。
(friends / are / not / watching / a movie / our) in the theater.

_____ in the theater.

□ (5) 彼は今，音楽を聞いているところではありません。
(not / he / listening to / is / music) now.

_____ now.

Q3 次の日本文を英語に直しなさい。 （10点×5＝50点）

□ (1) 私は今，公園で走っているところではありません。

_____

□ (2) 彼女は今，音楽を聞いているところではありません。

_____

□ (3) 私の父は今，彼のコンピューターを使っているところではありません。

_____

□ (4) その従業員たち（workers）は今，眠っているところではありません。

_____

□ (5) 彼は今，彼の両親に手紙を書いているところではありません。

_____

39

セクション 18 現在進行形の疑問文と答え方

学習日 ◯月 ◯日　制限時間 **30**分　答え→別冊 p.7　　/ 100点

現在進行形の疑問文の「～しているところですか」は，be動詞を文頭に置き，〈be動詞＋主語＋動詞の ing 形 ～?〉という語順で表します。答え方は，Yes の場合は〈Yes, 主語＋be動詞 .〉，No の場合は〈No, 主語＋be動詞＋not.〉とします。

You **are studying** English now.

（あなたは今，英語を勉強しているところです）

Are you **studying** English now**?**

（あなたは今，英語を勉強しているところですか）

— **Yes**, **I am**. （はい，しています）

— **No**, **I am**[**I'm**] **not**. （いいえ，していません）

Q1 次の文の（　）内の正しいほうを選び，◯で囲みなさい。　(4点×5＝20点)

☐ (1) あなたは今，本を読んでいるところですか。 — はい，そうです。
(Do you reading / Are you reading) the book now? — Yes, I am.

☐ (2) 彼は今，映画を見ているところですか。 — いいえ，そうではありません。
(Is he watching / Does he watching) a movie now? — No, he is not.

☐ (3) その生徒たちは今，テレビゲームをしているところですか。 — はい，そうです。
(Are the students playing / Do the students playing) the video games now? — Yes, (they are / they do).

☐ (4) ヒラリーは今，宿題をしているところですか。 — いいえ，そうではありません。
(Is Hillary doing / Do Hillary doing) her homework now?
— No, she (doesn't / isn't).

☐ (5) あなたの両親は，彼らの犬と散歩をしているところですか。 — はい，そうです。
(Are your parents taking / Do your parents taking) a walk with their dog? —Yes, (you do / they are / they do).

Q2 次の日本文に合うように，(　　)内の語句を並べかえなさい。 （6点×5＝30点）

□ (1) あなたは新しい車を運転しているところですか。— はい，そうです。
(a / you / are / new / driving / car) now? — Yes, I am.

_____ now?

□ (2) 彼は今，オフィスで働いているところですか。— いいえ，そうではありません。
(the / he / working / is / in / office) now? — No, he is not.

_____ now?

□ (3) その生徒たちは今，彼らのコンピューターを使っているところですか。
— はい，そうです。
(the / using / students / computers / are / their) now? — Yes, they are.

_____ now?

□ (4) その男性は，私たちの先生と話しているところですか。— はい，そうです。
(man / is / our teacher / talking / the / with)? — (he / , / yes / is).

_____? — _____.

□ (5) ナンシーは今，プールで泳いでいるところですか。— いいえ，そうではありません。
(Nancy / swimming / is) in the pool now? — (no / , / isn't / she).

_____ in the pool now? — _____.

Q3 次の日本文を英語に直しなさい。 （10点×5＝50点）

□ (1) 彼は今，プールで泳いでいるところですか。— はい，そうです。

_____ — _____

□ (2) あなたのお父さんは今，働いているところですか。— いいえ，そうではありません。

_____ — _____

□ (3) その女性は今，公園を走っているところですか。— はい，そうです。

_____ — _____

□ (4) 彼らは今，宿題をしているところですか。— いいえ，そうではありません。

_____ — _____

□ (5) あなたのお父さんは，彼の犬と散歩をしているところですか。— はい，そうです。

_____ — _____

41

セクション 19 過去進行形

過去進行形は,「**過去のある時点で, ある動作が行われていた**」ことを表すときに使います。日本語では「〜していました, 〜しているところでした」と訳されます。文の形は〈was [were] ＋動詞の ing 形〉で表します。主語に合わせて, was / were を使いわけましょう。

He **is doing** his homework now. （彼は今, 宿題をしているところです）

He **was doing** his homework then. （彼はそのとき, 宿題をしていました）

Q1 次の文の（　）内の正しいほうを選び, ○で囲みなさい。　(4点×5 = 20点)

(1) 私はそのとき, 宿題をしていました。
I (am doing / was doing) my homework at that time.

(2) 彼はそのとき, 歌を歌っていました。
He (am singing / was singing) a song then.

(3) その男性たちはそのとき, 写真を撮っていました。
The men (were taking / was taking) some pictures then.

(4) 私たちの子どもたちはそのとき, フットボールをしていました。
Our children (was playing / were playing) football at that time.

(5) その政治家たちはそのとき, 深刻な問題について話し合っていました。
The politicians (were discussing / were discussed) the serious problem at that time.
serious「深刻な」

Q2 次の日本文に合うように，(　　)内の語句を並べかえなさい。 （6点×5 = 30点）

☐ (1) 彼女はそのとき，彼女の車を洗っていました。
(her car / was / she / washing) at that time.

_____ at that time.

☐ (2) 彼はそのとき，彼の重いかばんを運んでいました。
(he / his / was / heavy bag / carrying) then.

_____ then.

☐ (3) その2人の男性はそのとき，メモを取っていました。
(some / the two men / taking / were / notes) then.

_____ then.

☐ (4) その小さな子どもたちはそのとき，テニスをしていました。
(the / were / little kids / tennis / playing) at that time.

_____ at that time.

☐ (5) その弁護士はそのとき，書類を読んでいました。　　　　　　　　　lawyer「弁護士」
(some documents / lawyer / the / reading / was) at that time.

_____ at that time.

Q3 then を使って，次の日本文を英語に直しなさい。 （10点×5 = 50点）

☐ (1) 彼女はそのとき，数枚の書類を読んでいました。

_____

☐ (2) その2人の男性はそのとき，彼らの車を洗っていました。

_____

☐ (3) 彼女はそのときテニスをしていました。

_____

☐ (4) その3人の子ども（kids）はそのとき，黒いかばんを1つ運んでいました。

_____

☐ (5) 私の母はそのとき，皿を洗っていました。

_____

セクション20 過去進行形の否定文

過去進行形の否定文の「〜していませんでした」は，be 動詞の後ろに not をつけ，〈主語＋was[were]＋not＋動詞の ing 形 〜.〉とします。was not は wasn't，were not は weren't のように短縮して使うこともできます。

My mother was cleaning the room then.
（私の母はそのとき，部屋を掃除していました）

My mother was not [wasn't] cleaning the room then.
（私の母はそのとき，部屋を掃除していませんでした）

Q1 次の文の（　）内の正しいほうを選び，○で囲みなさい。　（4点×5＝20点）

(1) 私はそのとき，部屋を掃除していませんでした。
I (was not cleaning / were not cleaning) the room at that time.

(2) 彼はそのとき，数学を勉強していませんでした。
He (is not studying / was not studying) math then.

(3) その従業員たちはそのとき，インターネットを使っていませんでした。
The workers (weren't using / wasn't using) the Internet at that time.

(4) その小さな女の子はそのとき，手紙を書いていませんでした。
The little girl (weren't writing / wasn't writing) a letter at that time.

(5) その会社員たちはそのとき，テーブルのところに座っていませんでした。
The office workers (weren't sitting / aren't sitting) at the table then.

Q2 次の日本文に合うように，（　　）内の語句を並べかえなさい。　(6点×5＝30点)

□ (1) ジョーの母親はそのとき，漢字を覚えているところではありませんでした。
(not / Joe's mother / learning / was) *kanji* then.

_____ *kanji* then.

□ (2) 私はそのとき，その部屋を使っていませんでした。
(using / not / I / was / room / the) at that time.

_____ at that time.

□ (3) その従業員たちはそのとき，メモを取っているところではありませんでした。
(workers / weren't / the / notes / taking) at that time.

_____ at that time.

□ (4) その小さな子どもはそのとき，自分のお気に入りの歌を歌っていませんでした。
(singing / the little child / wasn't / favorite song / his) then.

_____ then.

□ (5) その男性たちはそのとき，海で泳いでいませんでした。
(the / weren't / men / swimming) in the sea at that time.

_____ in the sea at that time.

Q3 次の日本文を英語に直しなさい。　(10点×5＝50点)

□ (1) 私はそのとき，英語を勉強していませんでした。

_____

□ (2) その従業員たちはそのとき，コンピューターを使っていませんでした。

_____

□ (3) 彼はそのとき，自分のお気に入りの歌を歌っていませんでした。

_____

□ (4) その少女はそのとき，部屋を掃除していませんでした。

_____

□ (5) 彼らはそのとき，メモを取っているところではありませんでした。

_____

45

セクション 21 過去進行形の疑問文と答え方

過去進行形の疑問文の「〜しているところでしたか」は，**be 動詞を文頭に置き**，〈Was[Were] + 主語 + 動詞の ing 形 〜 ?〉という語順で表します。答え方は，Yes の場合は〈Yes, 主語 + was[were].〉を，No の場合は〈No, 主語 + was[were] + not.〉を使います。

Bob **was sleeping** at that time. （ボブはそのとき，眠っていました）

Was Bob **sleeping** at that time? （ボブはそのとき，眠っていましたか）
— **Yes**, **he was**. （はい，眠っていました）
— **No**, **he was not**[**wasn't**]. （いいえ，眠っていませんでした）

Q1 次の文の（　）内の正しいほうを選び，○で囲みなさい。　（4点×5＝20点）

□ (1) あなたはそのとき，眠っていましたか。— はい，眠っていました。
(Were you sleeping / Were you sleep) at that time? — Yes, I was.

□ (2) ダニエルとジェーンはそのとき，外で遊んでいましたか。— いいえ，遊んでいませんでした。
(Were Daniel and Jane playing / Are Daniel and Jane playing) outside then? — No, they were not.

□ (3) その女性たちはそのとき，話し合いをしていましたか。— はい，していました。
(Was the ladies talking / Were the ladies talking) with each other then?
— Yes, (they were / they are).

□ (4) その新しい従業員は，コンピューターのスキルを学んでいるところでしたか。
— いいえ，学んでいるところではありませんでした。
(Was the new worker learning / Were the new worker learning) the skills of computers? — No, (he wasn't / she doesn't).

□ (5) あなたの子どもたちは，彼ら自身の部屋で遊んでいましたか。— はい，遊んでいました。
(Are your children playing / Were your children playing) in their own room? — Yes, (they were / you are).

Q2 次の日本文に合うように，（　　）内の語句を並べかえなさい。　　(6点×5＝30点)

□ (1) あなたはそのとき，英語を勉強していましたか。— はい，していました。
(you / English / studying / were) at that time? —Yes, I was.

_____ at that time?

□ (2) 彼らはそのとき，公園を走っていましたか。— いいえ，走っていませんでした。
(they / were / running) in the park then? — No, they were not.

_____ in the park then?

□ (3) その男性とその女性はそのとき，話し合いをしていましたか。— はい，していました。
(the man / were / and the woman / talking) with each other then?
—Yes, they were.

_____ with each other then?

□ (4) その医師は，その書類を読んでいましたか。— いいえ，読んでいませんでした。
(the / was / reading / doctor / documents / the)? — (he / , / no / wasn't).

_____? — _____.

□ (5) その子どもたちは，その映画を見ていましたか。— はい，見ていました。
(the / movie / were / children / the / watching)? — (were / , / they / yes).

_____? — _____.

Q3 then を使って次の日本文を英語に直しなさい。　　(10点×5＝50点)

□ (1) あなたはそのとき，トム (Tom) と話をしていましたか。— はい，していました。

_____ — _____

□ (2) 彼らはそのとき，紅茶を飲んでいましたか。— いいえ，飲んでいませんでした。

_____ — _____

□ (3) その医師はそのとき，書類を読んでいましたか。— はい，読んでいました。

_____ — _____

□ (4) 彼女はそのとき，眠っていましたか。— いいえ，眠っていませんでした。

_____ — _____

□ (5) あなたたちはそのとき，外で遊んでいましたか。— はい，遊んでいました。

_____ — _____

47

セクション 22 未来：be going to

これまでは，現在や過去のことを表す表現を学習してきましたが，ここからは未来のことを表す表現を学習します。「〜する予定です，〜するつもりです，〜するでしょう」という未来の文には，〈主語＋be going to＋動詞の原形 〜 .〉という表現を使います。be going toのbeはbe動詞のことですから，主語によって am / are / isを使いわけましょう。

I **visit** Rome every year. （私は毎年，ローマを訪問します）

I **am [I'm] going to visit** Rome next year.
（私は来年，ローマを訪問する予定です）

Q1 次の文の（　）内の正しいほうを選び，○で囲みなさい。 （4点×5＝20点）

(1) 私は今年の夏，イングランドを訪問する予定です。
I (am going to visit / going to visit) England this summer.

(2) まもなく雨が降るでしょう。
It (are going to rain / is going to rain) soon.

(3) 彼は来年，大学に通う予定です。
He (is going to go / going to go) to college next year.

(4) 私たちは新しいコンピューターを買う予定です。
We (are going to buy / is going to buy) a new computer.

(5) そのカップルは来月，結婚する予定です。
The couple (is going to get married / going to get married) next month.

Q2 次の日本文に合うように，（　　）内の語句を並べかえなさい。 （6点×5＝30点）

☐ ⑴ 私は今度の３月に，ハワイへ行く予定です。
(to / am / I / going / go) to Hawaii next March.

_____ to Hawaii next March.

☐ ⑵ 明日はよい天気になるでしょう。
(fine / going / is / to / it / be) tomorrow.

_____ tomorrow.

☐ ⑶ 彼は明日，セミナーに参加する予定です。
(attend / going / is / he / the seminar / to) tomorrow.　seminar「セミナー」

_____ tomorrow.

☐ ⑷ 私たちは来週，私たちのマネージャーに連絡を取る予定です。
(manager / are / our / going / to / we / contact) next week.

_____ next week.

☐ ⑸ 私たちの両親は来月，私たちを訪れる予定です。
(are / us / parents / our / going / visit / to) next month.

_____ next month.

Q3 be going toを使って，次の日本文を英語に直しなさい。 （10点×5＝50点）

☐ ⑴ 来週はよい天気になるでしょう。

_____

☐ ⑵ 私たちは来週，ハワイ（Hawaii）に行く予定です。

_____

☐ ⑶ 私は来月，新しい車を買う予定です。

_____

☐ ⑷ 彼女は今度の３月に，そのセミナーに参加する予定です。

_____

☐ ⑸ そのカップルは来年，結婚する予定です。

_____

セクション

23

学習日 ◯月 ◯日　制限時間 **30**分　答え→別冊 p.9　　／ **100**点

未来：**be going to** の 否定文と疑問文

be going to を使った文の否定文は，be 動詞の文と同様に，**be 動詞の後ろに not** を置いて表します。疑問文も，**be 動詞を文頭**に置きます。答え方は，〈**Yes, 主語＋be 動詞 .**〉/〈**No, 主語＋be 動詞＋not.**〉とします。

He **is** **going to meet** his old friend tomorrow.

（彼は明日，旧友に会う予定です）

He **is not going to meet** his old friend tomorrow.

（彼は明日，旧友に会う予定ではありません）

Is he **going to meet** his old friend tomorrow**?**

（彼は明日，旧友に会う予定ですか）

—**Yes**, he **is**. （はい，会う予定です）

—**No**, he **is not**[**isn't**]. （いいえ，会う予定はありません）

Q 1 次の文の（　　）内の正しいほうを選び，◯で囲みなさい。　　（4点×5＝20点）

☐ (1) 私は今年の夏，スペインを訪問する予定ではありません。
I (am not going to visit / not going to visit) Spain this summer.

☐ (2) 私たちは中国語を勉強する予定ではありません。
We (am not going to study / are not going to study) Chinese.

☐ (3) 彼らは今日の午後，会議を開催する予定ではありません。
They (aren't going to have / are not going have) the meeting this afternoon.

☐ (4) トニーは今週末，お兄さんに会う予定ですか。— はい，そうです。
(Is Tony going to meet / Does Tony going to meet) his brother this weekend? — Yes, (he is / he does).

☐ (5) あなたはすぐに海外に旅行する予定ですか。— いいえ，そうではありません。
(Do you going to travel / Are you going to travel) abroad soon?
—No, (you aren't / I'm not).

50

Q2 次の日本文に合うように，（　　）内の語句を並べかえなさい。　（6点×5＝30点）

□ (1) 私のおばは今年の冬，フランスを訪ねる予定ではありません。
(aunt / is / my / going / not / visit / to) France this winter.

_____ France this winter.

□ (2) 彼らは日本語を学ぶ予定ではありません。
(to / are / not / they / going / learn) Japanese.

_____ Japanese.

□ (3) 彼らは彼をパーティーに招待する予定ではありません。
(going / him / aren't / they / invite / to) to the party.

_____ to the party.

□ (4) ナンシーは今月，彼女のお客さんに会う予定ですか。― はい，そうです。
(Nancy / meet / is / her client / going / to) this month? ― Yes, she is.

_____ this month?

□ (5) あなたは今日の午後，ケーキを作る予定ですか。― いいえ，そうではありません。
(you / make / going / cake / are / to / a) this afternoon?
― (not /, / I'm / no).

_____ this afternoon? ― _____.

Q3 be going toを使って，次の日本文を英語に直しなさい。　（10点×5＝50点）

□ (1) 私の父は，新しい車を買う予定ではありません。

_____

□ (2) 明日はよい天気にならないでしょう。

_____

□ (3) 彼女は彼をパーティーに招待する予定ではありません。

_____

□ (4) あなたのお母さんは来月，フランスを訪問する予定ですか。― はい，そうです。

_____ ― _____

□ (5) メアリー (Mary) は今日の午後，ケーキを作る予定ですか。― いいえ，そうではありません。

_____ ― _____

51

セクション 24

未来：will

学習日 ◯月 ◯日　制限時間 **30** 分　答え→別冊 p.9　＿＿＿ / 100点

be going to とよく似た意味を表す語に will があります。will は**助動詞**と呼ばれ，〈**主語＋will＋一般動詞や be 動詞の原形 ～ .**〉の形で，主語の未来の予定「～するでしょう」や意思「～するつもりです」を表します。am / are / is の原形は be です。

一般動詞　She **will go** to school next Sunday.

（彼女は，今度の日曜日に学校に行くでしょう）

be動詞　My brother **will be** a teacher.　（私の兄は先生になるでしょう）

Q1 次の文の（　　）内の正しいほうを選び，◯で囲みなさい。　（4点×5＝20点）

☐ (1) 私が電話に出ます。
I (will answer / are going to answer) the phone.

☐ (2) 彼女は来年，20 歳_{さい}になります。
She (will be / will is) 20 years old next year.

☐ (3) 彼は来週，彼のおじさんを訪問するつもりです。
He (will visits / will visit) his uncle next week.

☐ (4) 彼らは来月，ハワイに行くつもりです。
They (will go / go) to Hawaii next month.

☐ (5) 私の兄は，夕食後に宿題をするつもりです。
My brother (will do / are going to do) his homework after dinner.

Q2 次の日本文に合うように，（　　）内の語句を並べかえなさい。　（6点×5＝30点）

☐ (1) 彼は来年 15 歳になります。
(will / he / be / 15 years old) next year.

＿＿＿＿＿＿＿＿＿＿＿＿＿＿＿＿＿＿＿＿＿＿ next year.

☐ (2) 彼女は来週戻_{もど}ってきます。
(come / will / she / back) next week.

＿＿＿＿＿＿＿＿＿＿＿＿＿＿＿＿＿＿＿＿＿＿ next week.

52

☐ (3) 私たちの家族は，今度の8月に沖縄を訪れるでしょう。
(family / will / Okinawa / our / visit) next August.

_____ next August.

☐ (4) 彼らは来月，ニーナをパーティーに招待するつもりです。
(invite / Nina / will / they) to the party next month.

_____ to the party next month.

☐ (5) 彼のお兄さんは，昼食後に仕事をするつもりです。
(brother / his / do / will / his work) after lunch.

_____ after lunch.

Q3 willを使って，次の日本文を英語に直しなさい。 （10点×5＝50点）

☐ (1) 私はすぐに（soon）彼に電話をします。

_____

☐ (2) 彼女は来月戻ってきます。

_____

☐ (3) 私たちは，今度の4月に父と会います。

_____

☐ (4) 彼の母親は夕食後，皿を洗うでしょう。

_____

☐ (5) ビリー（Billy）は来月，20歳になります。

_____

知っトク　be going to と will の違い

　be going to と will は似た意味で使われますが，違いの1つは，be going to の方は，すでにその状況に近づいていることに焦点を当てた表現であることです。will は予定や意思のほか，「確定した未来（必ず起こる）」を想定した表現になります。

　　It **is going to** rain soon.（すぐに雨が降りそうです）
　　　　　　　　　　　　　　　… 空模様などからその状況になることを推察

　　He **will** be 13 years old next month.（彼は来月，13歳になります）　　… 確定した未来

セクション 25 未来：will の否定文と疑問文

will の否定文の「～するつもりはありません，～しないでしょう」は，will のすぐ後ろに not を置き，〈主語＋will not＋動詞の原形 ～.〉で表します。will not の短縮形は won't です。疑問文の「～するつもりですか，～するでしょうか」は文頭に Will を置いて〈Will＋主語＋動詞の原形 ～?〉とし，答え方は〈Yes, 主語＋will.〉/〈No, 主語＋will not[won't].〉とします。

Your brother will come back soon. （あなたの弟は，すぐに戻ってくるでしょう）

否定文 Your brother will not[won't] come back soon.
（あなたの弟は，すぐに戻ってこないでしょう）

疑問文 Will your brother come back soon?
（あなたの弟は，すぐに戻ってきますか）
— Yes, he will. （はい，戻ってくるでしょう）
— No, he will not[won't]. （いいえ，戻ってこないでしょう）

Q1 次の文の（　）内の正しいほうを選び，○で囲みなさい。 (4点×5＝20点)

☐ (1) 私はすぐに戻るつもりはありません。
I (will not / not will) come back soon.

☐ (2) 彼は今晩，ナンシーに会うつもりはありません。
He (won't / not will) meet Nancy tonight.

☐ (3) マックスは家に彼の友人を招待しないでしょう。
Max (won't invites / won't invite) his friends to his house.

☐ (4) あなたは彼に，すぐに折り返し電話をするつもりですか。— はい，そうです。
(Will you call / You will call) him back soon? — Yes, I (will / am).

☐ (5) あなたは，アメリカに1人で行くつもりですか。— いいえ，そうではありません。
(Will you go / Do will you) to America alone? — No, I (am not / won't).

Q2 次の日本文に合うように，（　　　）内の語句を並べかえなさい。　(6点×5＝30点)

☐ (1) 彼女はすぐに帰宅するつもりはありません。
(will / she / not / come) home soon.

_____ home soon.

☐ (2) 彼は今晩，彼の両親に会うつもりはありません。
(he / meet / his / won't / parents) tonight.

_____ tonight.

☐ (3) ナンシーは彼女の友人に謝罪するつもりはありません。
(won't / Nancy / apologize) to her friends.　　apologize to「〜に謝る」

_____ to her friends.

☐ (4) あなたはあとで，彼に連絡を取るつもりですか。— はい，そうです。
(him / you / will / contact) later? — (will / yes / , / I).

_____ later? — _____.

☐ (5) あなたは私たちのオフィスに来るつもりですか。— いいえ，そうではありません。
(will / our office / you / to / come)? — (, / I / no / won't).

_____? — _____.

Q3 willを使って，次の日本文を英語に直しなさい。　(10点×5＝50点)

☐ (1) 私は彼に謝るつもりはありません。

_____

☐ (2) 私たちは来月，ハワイ（Hawaii）に行くつもりはありません。

_____

☐ (3) 彼女は来週，彼女の友人に会う（meet）つもりはありません。

_____

☐ (4) あなたは英語の勉強をするつもりですか。— はい，そうです。

_____ — _____

☐ (5) 彼らはこのコンピューターを使うつもりですか。— いいえ，そうではありません。

_____ — _____

確認テスト 1

学習日 ◯月 ◯日　答え → 別冊 p.10
制限時間 **45** 分　　　　　／100点

出題範囲　セクション 1～25

1 次の(　)に適する語句を，[　]内から選びなさい。　　　　　　　　　(4点×5=20点)

☐ (1) 彼はそのとき，とても親切でした。
　　He (　　　　　) very kind then.　　　　　　[is / was / will be]

☐ (2) 私の弟は今，車を洗っているところです。
　　My brother (　　　　　) his car now.
　　　　　　　　　　　　　　　　　[is washing / washed / was washing]

☐ (3) 私の父はふつう，夕食前にワインを飲みます。
　　My father usually (　　　　　) wine before dinner.
　　　　　　　　　　　　　　　　　　[drink / drinks / is drinking]

☐ (4) ケイトは来月，熊本を訪れる予定ではありません。
　　Kate (　　　　　) visit Kumamoto next month.
　　　　　　　　　　　　　　　[isn't going / isn't going to / be going to]

☐ (5) トムとケンは野球が大好きです。
　　Tom and Ken (　　　　　) baseball very much.
　　　　　　　　　　　　　　　　　　　[like / likes / are liking]

2 次の文を指示に従って書きかえなさい。　　　　　　　　　　　　　(6点×5=30点)

☐ (1) My friend was very angry at that time.（否定文に）
_____

☐ (2) Kate walks to the station every day.（疑問文にして Yes で答える）
_____ ― _____

☐ (3) Bob will apologize to his mother.（否定文に）
_____

☐ (4) The little boy went to school yesterday.（疑問文にして No で答える）
_____ ― _____

☐ (5) She is studying English in her room now.（疑問文にして Yes で答える）
_____ ― _____

3 次の日本文に合うように，（　　　）内の語句を並べかえなさい。　（4点×5=20点）

□ (1) あなたは新しいコンピューターを買う予定ですか。— はい，そうです。

(going / are / buy / a new computer / to / you)? — (I / , / yes / am).

_____? — _____.

□ (2) 私は毎日，自分の部屋で宿題をします。

(I / homework / my room / do / my / in) every day.

_____ every day.

□ (3) 私の両親は，先週の日曜日に富士山に登りました。

(parents / climbed / Mt. Fuji / my) last Sunday.

_____ last Sunday.

□ (4) 彼女は今，彼女の先生と話をしていません。

(with / isn't / she / talking / her teacher) now.

_____ now.

□ (5) フランクはそのとき，図書館にいましたか。— いいえ，いませんでした。

(the / in / was / Frank / library) then? — (he / no / , / wasn't).

_____ then? — _____.

4 次の日本文を英語に直しなさい。　（6点×5=30点）

□ (1) あなたはふつう，夕食後に宿題をしますか。— はい，そうです。

_____ — _____

□ (2) 私はそのとき，映画を見ていました。

_____

□ (3) 明日は雨になるでしょう。（be going to を使って）

_____

□ (4) 彼女は今，一杯のコーヒーを飲んでいるところです。

_____

□ (5) 彼の弟はアメリカ（America）で働いていますか。— いいえ，そうではありません。

_____ — _____

セクション 26 助動詞 can

学習日 ◯ 月 ◯ 日　⏱ 制限時間 **30** 分　答え→別冊 p.10　　／100点

> 助動詞の **can** は「～することができる」という意味を持ち，〈**主語＋can＋動詞の原形 ～ .**〉で，主語の能力や可能性などを表します。can の後ろに置かれる動詞は原形であることも覚えておきましょう。
>
> He **speaks**　　English. （彼は英語を話します）
> ↓
> He **can speak** English. （彼は英語を話すことができます）

Q1 次の文の（　　）内の正しいほうを選び，◯で囲みなさい。 （4点×5＝20点）

□ (1) その男性はとても速く泳ぐことができます。
The man (can swim / swim can) very fast.

□ (2) ナンシーはいくつかの言語を話すことができます。
Nancy (can speaks / can speak) several languages.

□ (3) その女性は大きな家を買うことができます。
The woman (cans buy / can buy) a large house.

□ (4) 私たちはここで野球をすることができます。
We (can play / can playing) baseball here.

□ (5) あなたは今，帰宅することができます。
You (can going / can go) home now.

Q2 次の日本文に合うように，（　　）内の語句を並べかえなさい。 （6点×5＝30点）

□ (1) そのアスリートはとても速く走ることができます。
(athlete / can / the / run) very fast.

_____ very fast.

□ (2) リチャードは，英語と中国語をとても上手に話すことができます。
(Richard / English and Chinese / speak / can) very well.

_____ very well.

58

☐ (3) その若者は新しい車を買うことができます。
(a / the young man / car / buy / can / new).

_____.

☐ (4) あなたは公園でバレーボールをすることができます。
(can / volleyball / you / play) in the park.

_____ in the park.

☐ (5) あなたは上手に絵を描くことができます。
(draw / can / pictures / you) well.

_____ well.

Q3 次の日本文を英語に直しなさい。 （10点×5＝50点）

☐ (1) その鳥は飛ぶことができます。

_____

☐ (2) 私は英語を話すことができます。

_____

☐ (3) 彼らはとても上手に絵を描くことができます。

_____

☐ (4) その女性はとても速く走ることができます。

_____

☐ (5) あなたはここで野球をすることができます。

_____

 知っトク 「許可」も表す can

can は「～することができる」と能力を表すだけでなく、「～してもよい」と許可を表すことができます。

能力 She **can** speak English well.（彼女は上手に英語を話すことができます）
許可 You **can** go home.（あなたは家に帰ってよいです）

セクション 27 助動詞 can の否定文と疑問文と答え方

助動詞 can の否定文の「〜することができません」は，〈主語＋cannot[can't]＋動詞の原形 〜.〉で表します。cannot は，can と not を離さないで書きます。can't は cannot の短縮形です。また，疑問文の「〜できますか」は，文頭に Can を置いて，〈Can＋主語＋動詞の原形 〜?〉とします。答え方は，〈Yes, 主語＋can.〉，〈No, 主語＋cannot[can't].〉を使います。

　　　　　You can swim fast. （あなたは速く泳ぐことができます）

否定文　You cannot[can't] swim fast. （あなたは速く泳ぐことができません）
疑問文　Can you swim fast? （あなたは速く泳ぐことができますか）
　　　　—Yes, I can. （はい，できます）
　　　　—No, I cannot[can't]. （いいえ，できません）

Q1 次の文の(　)内の正しいほうを選び，○で囲みなさい。　　　（4点×5＝20点）

☐ (1) 私はこの質問に答えることができません。
I (can't answer / not can answer) this question.

☐ (2) 彼は私のかぎを見つけることができません。
He (can't finds / can't find) my key.

☐ (3) 彼らは英語を上手に話すことができません。
They (cannot speak / can't speaks) English well.

☐ (4) あなたはその問題を解くことができますか。— はい，できます。
(Can you solve / You can solve) the question? — Yes, (I / you) can.

☐ (5) あなたは今，私を手伝うことができますか。— いいえ，できません。
(Can help you / Can you help) me now? — No, (I can't / I can).

Q2 次の日本文に合うように，（　　）内の語を並べかえなさい。 （6点×5＝30点）

□ (1) 私は中国語を上手に話すことができません。
(can't / speak / I / Chinese) well.

_____ well.

□ (2) 私はその話を信じることができません。
(believe / I / the / can't / story).

_____ .

□ (3) あなたはここでタバコを吸うことができません。
(here / cannot / you / smoke).

_____ .

□ (4) あなたはその質問に答えることができますか。― はい，できます。
(can / the / answer / question / you)? ― (I /, / yes / can).

_____ ? ― _____ .

□ (5) あなたたちは私たちのオフィスに来ることができますか。― いいえ，できません。
(come / you / to / can / office / our)? ― (can't / , / we / no).

_____ ? ― _____ .

Q3 次の日本文を英語に直しなさい。 （10点×5＝50点）

□ (1) 私たちはこの話を信じることができません。

_____

□ (2) あなたは中国語を上手に話すことができません。

_____

□ (3) あなたたちは，ここで踊ることはできません。

_____

□ (4) あなたは英語を話すことができますか。― はい，できます。

_____ ― _____

□ (5) 彼らはこの問題を解くことができますか。― いいえ，できません。

_____ ― _____

61

セクション 28

学習日 ◯月 ◯日　制限時間 **30**分　答え→別冊 p.11　／ **100**点

be able to の文

can とよく似た意味を表すものに **be able to** という語句があります。少し違いはありますが，can の代わりに be able to を使えると考えてください。be able to で使われる be 動詞は，主語や時制に合わせて使いわけます。

否定文では be 動詞の後ろに not を置きます。疑問文では be 動詞を文頭に置いて表します。

They **can** **speak** Japanese.　（彼らは日本語を話すことができます）

They **are able to speak** Japanese.　（彼らは日本語を話すことができます）

否定文 They **are not**[**aren't**] **able to speak** Japanese.

（彼らは日本語を話すことができません）

疑問文 **Are** they **able to speak** Japanese**?**

（彼らは日本語を話すことができますか）

—**Yes**, they **are**.　（はい，できます）

—**No**, they **are not**[**aren't**].　（いいえ，できません）

Q 1 次の文の（　　）内の正しいほうを選び，◯で囲みなさい。　　（4点×5 = 20点）

☐ (1) 私たちは日本語と英語を話すことができます。
We (are able to speak / able to speak) Japanese and English.

☐ (2) 私の母はギターを弾くことができます。
My mother (are able to play / is able to play) the guitar.

☐ (3) これらの動物は速く飛ぶことができます。
These animals (is able to fly / are able to fly) fast.

☐ (4) 彼女はコンピューターを使うことができません。
She (isn't able to use / is able not to uses) a computer.

☐ (5) その男の子は難しい本を読むことができますか。— はい，できます。
(Is / Can) the boy able to read a difficult book?
— Yes, he (does / is).

62

Q2 次の日本文に合うように，（　　）内の語句を並べかえなさい。　(6点×5＝30点)

□ (1) 彼女は，コンピューターをとてもうまく使うことができます。
(use / is / she / able / a computer / to) very well.

_____ very well.

□ (2) その鳥たちは高く飛ぶことができます。
(are / able / birds / to / fly / the) high.

_____ high.

□ (3) 私たちの先生は難しい問題を解決することができます。
(to / our teacher / solve / able / is / difficult problems).

_____ .

□ (4) 彼女は速く泳ぐことができません。
(to / swim / able / isn't / she) fast.

_____ fast.

□ (5) あなたのお父さんは上手に運転することができますか。― はい，できます。
(father / your / to / drive / able / is) well? ― (is / , / he / yes).

_____ well? ― _____ .

Q3 be able toを使って，次の日本文を英語に直しなさい。　(10点×5＝50点)

□ (1) 彼女は複数の（several）言語を話すことができます。

_____

□ (2) 彼は難しい問題を解決することができます。

_____

□ (3) 私の母は上手に車を運転することができません。

_____

□ (4) その鳥たちは速く飛ぶことができますか。― はい，できます。

_____ ― _____

□ (5) ジョン（John）は，コンピューターをうまく使うことができますか。
― いいえ，できません。

_____ ― _____

63

セクション 29 助動詞 must

助動詞 must は「～しなければならない」という「**義務**」を表します。これまで学習した助動詞の will や can と同じように，must も動詞の前に置いて〈**主語＋must＋動詞の原形 ～.**〉の形にします。

My son **goes** to school.（私の息子は学校に行きます）

My son **must go** to school.（私の息子は学校に行かなければなりません）

Q1 次の文の（　）内の正しいほうを選び，○で囲みなさい。　　（4点×5＝20点）

☐ (1) 私たちは家に帰らなければなりません。
　　　We (must go / go must) home.

☐ (2) あなたは彼に親切にしなければなりません。
　　　You (must be / must are) kind to him.

☐ (3) 私たちは今日，私たちの課題を終えなければなりません。
　　　We (must finish / must to finish) our tasks today.

☐ (4) 私たちは気をつけなければなりません。
　　　We (must be / must are) careful.

☐ (5) 私たちは他人に親切にしなければなりません。
　　　We (must is / must be) kind to other people.

Q2 次の日本文に合うように，（　　）内の語句を並べかえなさい。　　　(6点×5 = 30点)

☐ (1) 私たちは宿題をしなければなりません。
(our / must / do / we / homework).

_____.

☐ (2) あなたは本当のことを言わなければなりません。
(the / tell / you / truth / must).

_____.

☐ (3) あなたたちは今日，あなたたちの課題を終えなければなりません。
(finish / must / you / your / tasks) today.

_____ today.

☐ (4) 彼女は私たちに「さようなら」と言わなければなりません。
(she / say / "goodbye" / must) to us.

_____ to us.

☐ (5) あなたはお年寄りに親切にしなければなりません。
(kind / elderly people / you / be / must / to).

_____.

Q3 次の日本文を英語に直しなさい。　　　(10点×5 = 50点)

☐ (1) 私たちはお年寄りに親切にしなければなりません。

_____

☐ (2) あなたは注意しなければなりません。

_____

☐ (3) 私たちは今，帰宅しなければなりません。

_____

☐ (4) あなたたちは，夕食後に宿題をしなければなりません。

_____

☐ (5) 彼女はあなたに「さようなら」と言わなければなりません。

_____

助動詞 must の否定文

助動詞 must の否定文の「～してはいけません」は、must の後ろに not を置いて〈主語＋must not＋動詞の原形 ～ .〉とします。この文は**強い禁止**の意味を表します。must not の短縮形は mustn't。1つめの t は発音しません。

You **must** **stay** home.（あなたは家にいなければなりません）
↓
You **must not [mustn't] stay** home.（あなたは家にいてはいけません）

 1 次の文の（　）内の正しいほうを選び、○で囲みなさい。　（4点×5＝20点）

☐ (1) あなたは外出してはいけません。
You (must not go / must not to go) out.

☐ (2) あなたはだれにもうそをついてはいけません。
You (must not telling / must not tell) a lie to anybody.

☐ (3) あなたは今、この課題を始めてはいけません。
You (must not to start / must not start) this task now.

☐ (4) あなたはそのようなことを言ってはいけません。
You (mustn't say / not must say) such a thing.

☐ (5) あなたは騒がしくしてはいけません。
You (mustn't are / mustn't be) noisy.

Q2 次の日本文に合うように，（　　）内の語句を並べかえなさい。　（6点×5＝30点）

☐ (1) あなたは家にいてはいけません。
(stay / must / you / not) home.

_____ home.

☐ (2) あなたは私にうそをついてはいけません。
(must / tell / not / a / lie / you) to me.

_____ to me.

☐ (3) あなたは今，夢をあきらめてはいけません。
(mustn't / you / give up) your dream now.

_____ your dream now.

☐ (4) あなたはこの花びんに触れてはいけません。
(this / touch / mustn't / you / vase).　　　　vase「花びん」

_____.

☐ (5) あなたは不注意であってはいけません。
(be / you / mustn't / careless).

_____.

Q3 **You must not** を使って，次の日本文を英語に直しなさい。　（10点×5＝50点）

☐ (1) そのようなことを言ってはいけません。

_____

☐ (2) ここでギターを弾いてはいけません。

_____

☐ (3) だれにもうそをついてはいけません。

_____

☐ (4) 外出してはいけません。

_____

☐ (5) 騒がしくしてはいけません。

_____

セクション 31

学習日 ◯ 月 ◯ 日　制限時間 **30** 分　答え→別冊 p.12　　/ 100点

have to と don't have to

〈must＋動詞の原形〉の「〜しなければならない」とほぼ同じ意味を表すのが have to という語句で，〈主語＋have[has] to＋動詞の原形 〜 .〉の形で使います。主語が3人称単数ならば，have の代わりに has を使います。

have to を否定形にした〈主語＋don't[doesn't] have to＋動詞の原形 〜 .〉は「〜する必要はない」という意味になり，「禁止」の must not とは違う意味になるので注意しましょう。

You **must** **do** your homework.（あなたは宿題をしなければなりません）

You **have to do** your homework.（あなたは宿題をしなければなりません）

否定文 You **don't have to do** your homework.

（あなたは宿題をする必要はありません）

Q1　次の文の（　）内の正しいほうを選び，◯で囲みなさい。　（4点×5 = 20点）

☐ (1) あなたはこの電話番号を覚えておかなければなりません。
You (have to remember / have remember) this telephone number.

☐ (2) 私たちは今，帰宅しなければなりません。
We (have go to / have to go) home now.

☐ (3) 彼女は両親に謝らなければなりません。
She (has apologize / has to apologize) to her parents.　　apologize「謝る」

☐ (4) あなたはボブに手紙を書く必要はありません。
You (have not to write / don't have to write) a letter to Bob.

☐ (5) 彼はコンピューターを買う必要はありません。
He (doesn't have to buy / not have to buy) a computer.

68

Q2 次の日本文に合うように，（　　）内の語を並べかえなさい。 (6点×5＝30点)

☐ (1) あなたは，彼女に謝らなければなりません。
(have / you / to / apologize) to her.

_____ to her.

☐ (2) 私たちは今，その本を読まなければなりません。
(read / to / have / we / the / book) now.

_____ now.

☐ (3) 彼女は今，その質問に答えなければなりません。
(answer / has / to / questions / she / the) now.

_____ now.

☐ (4) あなたは，毎週日曜日は働く必要はありません。
(to / don't / work / you / have) on Sundays.

_____ on Sundays.

☐ (5) 彼は夕食の支払いをする必要はありません。
(doesn't / pay / to / he / have) for dinner.

_____ for dinner.

Q3 have [has] to を使って，次の日本文を英語に直しなさい。 (10点×5＝50点)

☐ (1) あなたは彼らに謝る必要はありません。

_____

☐ (2) 私たちは彼のメールアドレス (e-mail address) を覚えておく必要はありません。

_____

☐ (3) 彼はここで働かなければなりません。

_____

☐ (4) 私は今，家に帰らなければなりません。

_____

☐ (5) 私の父は今度の日曜日に，北海道へ行かなければなりません。

_____

セクション 32 will be able to と will have to

willやcan, mustなどの助動詞は, (×) will can や (×) will must のように, 助動詞を2つ並べることはありません。未来のことについて「～することができるでしょう」と表現したい場合には, canではなくbe able toを使ってwill be able toとします。同様に,「～しなければならないでしょう」はmustではなくhave toを使い, will have toとします。

(○) You **will be able to** speak English soon.
（あなたは英語をすぐに話すことができるでしょう）

(×) You *will can* speak English soon.

Q1 次の文の(　)内の正しいほうを選び, ○で囲みなさい。 （4点×5＝20点）

(1) あなたはこの問題を解くことができるでしょう。
You (will be able to solve / will are able to solve) this problem.

(2) 彼女は外国語を習得することができるでしょう。
She (be able to learn / will be able to learn) a foreign language.

(3) 彼らは彼らのビジネスで成功することができるでしょう。
They (will be able to succeed / will able to succeed) in their business.

(4) 私は生徒たちの質問に答えなければならないでしょう。
I (will have answer / will have to answer) my students' questions.

(5) あなたはかさを持って行かなければならないでしょう。
You (will have to take / will to have take) an umbrella with you.

Q2 次の日本文に合うように，（　　）内の語を並べかえなさい。　　(6点×5＝30点)

□ (1) あなたはこの問題を解かなければならないでしょう。
(have / will / solve / to / you) this problem.

＿＿＿＿＿＿＿＿＿＿＿＿＿＿＿＿＿＿＿＿＿＿＿＿＿ this problem.

□ (2) 彼女はスペイン語を習得することができるでしょう。
(she / learn / able / will / be / to) Spanish.

＿＿＿＿＿＿＿＿＿＿＿＿＿＿＿＿＿＿＿＿＿＿＿＿＿ Spanish.

□ (3) あなたは人生で成功することができるでしょう。
(be / will / able / to / you / succeed) in your life.

＿＿＿＿＿＿＿＿＿＿＿＿＿＿＿＿＿＿＿＿＿＿＿＿＿ in your life.

□ (4) 彼は，明日までに宿題を終わらせなければならないでしょう。
(will / have / finish / his / he / to / homework) by tomorrow.

＿＿＿＿＿＿＿＿＿＿＿＿＿＿＿＿＿＿＿＿＿＿＿＿＿ by tomorrow.

□ (5) 彼女は，すぐに英語を話すことができるでしょう。
(to / English / able / she / will / be / speak) soon.

＿＿＿＿＿＿＿＿＿＿＿＿＿＿＿＿＿＿＿＿＿＿＿＿＿ soon.

Q3 次の日本文を英語に直しなさい。　　(10点×5＝50点)

□ (1) あなたは成功することができるでしょう。

＿＿＿＿＿＿＿＿＿＿＿＿＿＿＿＿＿＿＿＿＿＿＿＿＿＿＿＿＿＿＿

□ (2) 私たちは英語を習得することができるでしょう。

＿＿＿＿＿＿＿＿＿＿＿＿＿＿＿＿＿＿＿＿＿＿＿＿＿＿＿＿＿＿＿

□ (3) 彼らは，来週までにこの宿題を終えることができるでしょう。

＿＿＿＿＿＿＿＿＿＿＿＿＿＿＿＿＿＿＿＿＿＿＿＿＿＿＿＿＿＿＿

□ (4) 私は来月，アメリカ（America）に行かなければならないでしょう。

＿＿＿＿＿＿＿＿＿＿＿＿＿＿＿＿＿＿＿＿＿＿＿＿＿＿＿＿＿＿＿

□ (5) トム（Tom）は宿題を終わらせなければならないでしょう。

＿＿＿＿＿＿＿＿＿＿＿＿＿＿＿＿＿＿＿＿＿＿＿＿＿＿＿＿＿＿＿

セクション 33 さまざまな助動詞表現

学習日 ◯月 ◯日　制限時間 **30**分　答え→別冊 p.12　＿＿＿＿ / 100点

助動詞を使った慣用的な表現（よく使う決まった表現）について学習しましょう。

〔相手に依頼をする〕　**Will you**＋動詞の原形 ～？　「～してもらえますか」
Will you come here?　（ここに来てもらえますか）

〔相手に申し出る〕　**Shall I**＋動詞の原形 ～？　「～しましょうか」
Shall I help you?　（あなたを手伝いましょうか）

〔相手を誘う〕　**Shall we**＋動詞の原形 ～？　「～しませんか」
Shall we go out?　（外出しませんか）

〔許可を求める〕　**May[Can] I**＋動詞の原形 ～？「～してもいいですか」
May[Can] I come in?　（入ってもいいですか）

Q1 次の文の（　　）内の正しいほうを選び，◯で囲みなさい。 （4点×5＝20点）

□ ⑴ ドアを開けてもらえますか。(Will you / Shall you) open the door?

□ ⑵ あなたをお手伝いしましょうか。(Will I / Shall I) help you?

□ ⑶ いっしょに外食しませんか。(Shall we / May you) eat out together?

□ ⑷ パーティーに行ってもいいですか。(May I / Will I) go to the party?

□ ⑸ コーヒーを1杯いただけますか。(Shall you / Can I) have a cup of coffee?

Q2 次の日本文に合うように，（　　）内の語句を並べかえなさい。 （6点×5＝30点）

□ ⑴ 窓を開けてもらえますか。
(the / you / open / will / window)?

＿＿＿＿＿＿＿＿＿＿＿＿＿＿＿＿＿＿＿＿＿＿＿＿＿＿＿＿＿＿ ?

□ ⑵ あなたをお手伝いしましょうか。
(I / shall / you / help)?

＿＿＿＿＿＿＿＿＿＿＿＿＿＿＿＿＿＿＿＿＿＿＿＿＿＿＿＿＿＿ ?

☐ (3) 踊りませんか。
(we / dance / shall)?

_____?

☐ (4) あなたのオフィスに行ってもいいですか。
(may / I / to / come / your office)?

_____?

☐ (5) ケーキを1切れ食べてもいいですか。
(can / a / I / piece / have) of cake?

_____ of cake?

Q3 次の日本文を英語に直しなさい。 (10点×5＝50点)

☐ (1) いっしょに勉強しませんか。

_____

☐ (2) コーヒーを1杯いただいてもいいですか。

_____

☐ (3) 窓を開けてもらえますか。

_____

☐ (4) あなたのお手伝いをしましょうか。

_____

☐ (5) パーティーに来てもいいですか。

_____

ポイント 助動詞の表現に対する答え方の例

Will you come here?　→ **Sure.**（もちろんです）/ **Of course.**（もちろんです）など
Shall I help you?　　→ **Yes, please.**（お願いします）/ **No, thank you.**（いいえ，結構です）など
Shall we go out?　　 → **Yes, let's.**（はい）/ **No, let's not.**（いいえ）など
May[Can] I come in? → **Sure.**（もちろんです）/ **Of course.**（もちろんです）など

セクション **34**

学習日 ◯ 月 ◯ 日　⏱ 制限時間 **30** 分　答え→別冊 p.12　_____ / 100点

Would you like ～? と Would you like to ～?

would という助動詞を使った慣用的な表現について学習しましょう。
〈**Would you like ＋名詞 ～?**〉「**～はいかがですか**」は，相手に何かを勧めるときのていねいな表現です。これに形が似ている表現に，〈**Would you like to ＋動詞の原形 ～?**〉「**～するのはいかがですか**」があり，こちらは，相手がやってみたいことをていねいにたずねるときの表現です。

ポイントは，Would you like の後ろには名詞が置かれ，Would you like to の後ろには動詞の原形が置かれることです。この違いに気をつけて練習しましょう。

Would you like some **beer?** （ビールはいかがですか）
Would you like to take a **break?** （休憩してはいかがですか）

これらの表現に対する一般的な答え方は，**Yes, thank you.** （はい，ありがとう）や **No, thank you.** （いいえ，結構です）です。

Q1 次の文の（　　）内の正しいほうを選び，◯で囲みなさい。　（4点×5＝20点）

☐ (1) お茶を1杯いかがですか。
　　　(Would you like / Would you like to) a cup of tea?

☐ (2) コーヒーはいかがですか。
　　　(Would you like / Would you like to) some coffee?

☐ (3) クッキーをいくつかいかがですか。
　　　(Would you like to / Would you like) some cookies?

☐ (4) 写真を数枚撮ってはいかがですか。
　　　(Would you like to / Would you like) take some photos?

☐ (5) サンドイッチを召し上がってはいかがですか。
　　　(Would you like / Would you like to) eat sandwiches?

Q2 次の日本文に合うように，（　　）内の語句を並べかえなさい。　（6点×5＝30点）

☐ (1) お水を1杯いかがですか。(you / would / like) a glass of water?

　　　_____ a glass of water?

74

□ (2) ジュースを1杯いかがですか。(you / like / would / a glass of juice)?
_____?

□ (3) お茶はいかがですか。(would / some tea / you / like)?
_____?

□ (4) クッキーをいくつか買ってはいかがですか。
(to / you / like / would / buy) some cookies?
_____ some cookies?

□ (5) ケーキをもう1つ召し上がってはいかがですか。
(eat / would / you / like / to) another cake?
_____ another cake?

Q3 次の日本文を英語に直しなさい。　　　　　　（10点×5＝50点）

□ (1) コーヒーを1杯いかがですか。
_____

□ (2) お茶を1杯いかがですか。
_____

□ (3) クッキーをもう1つ（another）いかがですか。
_____

□ (4) 本を何冊か買ってはいかがですか。
_____

□ (5) 写真を何枚か撮ってはいかがですか。
_____

知っトク　飲みものの数え方

　飲みものは glass や cup のような容器に入れて飲むので，「1杯の水」は a glass of water，「2杯の水」は two glasses of water のように表します。飲みものの名前ではなく容器の方を，glasses や cups のように複数形にします。なお，glass は「冷たい」飲みものに，cup は「温かい」飲みものに使うのが一般的です。

セクション 35 疑問詞 what

ここからは疑問詞を学習しましょう。疑問詞は，「何」「だれ」「どちら」「どこ」「いつ」「なぜ」など，相手に Yes/No ではなく，具体的な答えを求めるときに使います。このセクションでは「何」を表す what について練習します。

疑問詞は文頭に置きます。文のパターンは2つあり，1つめは〈What＋動詞 ～?〉「何が～しますか」という What が主語になる形。もう1つは〈What＋ふつうの疑問文の語順?〉「主語は何を～しますか」いう意味になるパターンです。

What happened last night?（昨晩，何が起こりましたか）
主語　動詞

What are you doing now?（あなたは今，何をしていますか）
↑ふつうの疑問文の語順

Q1 次の文の（　）内の正しいほうを選び，○で囲みなさい。 （4点×5＝20点）

☐ (1) これは何ですか。
What (is this / this is)?

☐ (2) あなたは何がほしいですか。
What (you want / do you want)?

☐ (3) 彼女は夕食後，何をしますか。
What (does she do / she does) after dinner?

☐ (4) あなたのお父さんは朝食に何を食べますか。
What (does your father eat / your father eats) for breakfast?

☐ (5) あなたは今，何をしていますか。
What (you are doing / are you doing) now?

Q2 次の日本文に合うように，（　　）内の語を並べかえなさい。　　　(6点×5＝30点)

□ (1) あれは何ですか。
(that / is / what)?

_____ ?

□ (2) あなたは夕食に何を食べますか。
(what / you / do / eat) for dinner?

_____ for dinner?

□ (3) 彼は放課後，何をしますか。
(what / he / do / does) after school?

_____ after school?

□ (4) あなたのお母さんは朝食に何を作りますか。
(does / what / mother / your / cook) for breakfast?

_____ for breakfast?

□ (5) 彼女はそのとき，何をしていたのですか。
(was / what / doing / she) then?

_____ then?

Q3 次の日本文を英語に直しなさい。　　　(10点×5＝50点)

□ (1) これらは何ですか。

_____

□ (2) あなたは今晩（this evening），何を食べる予定ですか。（be going to を使って）

_____

□ (3) 彼はそのとき，何をしていましたか。

_____

□ (4) あなたのお母さんは今，テレビで何を見ていますか。

_____

□ (5) あなたは放課後，何をしますか。

_____

77

セクション **36**

学習日 ◯ 月 ◯ 日　制限時間 **30** 分　答え→別冊 p.13　　／ **100** 点

疑問詞 What + 名詞 ～？ の文

what は直後に名詞を置き，2語で「どんな～，何の～」という意味にもなります。たとえば，What sport なら「どんなスポーツ」です。この 〈What + 名詞 ～？〉 にも，〈What + 名詞 + 動詞 ～？〉（どんな名詞（主語）が ～しますか）という 〈What + 名詞〉 が主語になる表現と，〈What + 名詞 + ふつうの疑問文の語順 ？〉「主語は どんな名詞を ～しますか」という 2 つのパターンがあります。

What accident happened here? （どんな事故がここで起こりましたか）
　　　　　　主語　　　　　　　動詞

What sports do you play? （あなたはどんなスポーツをしますか）
　　　　　　　　↑ふつうの疑問文の語順

Q1 次の文の（　　）内の正しいほうを選び，◯で囲みなさい。　　（4点×5 ＝ 20点）

☐ (1) どのような事故がそこで起こったのですか。
What accidents (happened / did happened) there?

☐ (2) あなたはどんな果物が好きですか。
What fruits (do you like / you like)?

☐ (3) あなたはどんなスポーツをしますか。
What sports (are you play / do you play)?

☐ (4) あなたはどの季節が好きですか。
What season (do you like / are you like)?

☐ (5) あなたは今，何の科目の勉強をしていますか。
What subject (are you study / are you studying) now?

78

Q2 次の日本文に合うように，（   ）内の語句を並べかえなさい。　(6点×5＝30点)

☐ (1) 今，何時ですか。
(what / is / time / it) now?

_____ now?

☐ (2) 彼らはどんな果物が好きですか。
(what / fruits / they / like / do)?

_____ ?

☐ (3) 彼らはふつう，どんなスポーツをしますか。
(do / usually play / sports / they / what)?

_____ ?

☐ (4) 彼女はどの季節が好きですか。
(she / what / does / season / like)?

_____ ?

☐ (5) あなたの子どもたちは何の科目を勉強する予定ですか。
(going / subject / to / what / your children / are / study)?

_____ ?

Q3 次の日本文を英語に直しなさい。　(10点×5＝50点)

☐ (1) 今，何時ですか。

_____

☐ (2) あなたは何の科目を勉強するつもりですか。

_____

☐ (3) あなたはどの季節が好きですか。

_____

☐ (4) あなたたちは冬にどんなスポーツをしますか。

_____

☐ (5) あなたの子どもたちはどんな果物が好きですか。

_____

79

疑問詞 who

whoは「だれ」を表す疑問詞です。whoについても、それが主語になる〈Who＋動詞 ～?〉「だれが～しますか」という文と、〈Who＋ふつうの疑問文の語順?〉「主語はだれを～しますか」という文の2パターンあります。2つめのパターンでは、whoの代わりにwhomを使うこともありますが、whomはややかたい表現です。

Who lives in that house? （あの家にだれが住んでいますか）
主語　動詞

Who [Whom] did Donna love a few years ago?
↑ふつうの疑問文の語順　（ドナは数年前、だれを愛していましたか）

Q1 次の文の（　）内の正しいほうを選び、○で囲みなさい。 (4点×5 = 20点)

(1) だれがあなたに英語を教えていますか。
(Who teaches / Who does teaches) English to you?

(2) だれがこの家に住んでいますか。
(Who do live / Who lives) in this house?

(3) その女性はだれですか。
Who (the woman is / is the woman)?

(4) あなたはだれを尊敬していますか。
Who (do you respect / you respect)?

(5) 彼女はだれと話をしているところですか。
Who (she is talking with / is she talking with)?

Q2 次の日本文に合うように，（　　）内の語句を並べかえなさい。　　（6点×5＝30点）

☐ (1) だれがパーティーに来る予定ですか。
(come / is / who / going / to) to the party?

_____ to the party?

☐ (2) だれがあなたと英語を勉強しましたか。
(studied / who / English) with you?

_____ with you?

☐ (3) あなたのお母さんはだれと話をしていますか。
(is / mother / who / talking with / your)?

_____?

☐ (4) ソフィアはだれのことを愛していますか。
(who / Sofia / love / does)?

_____?

☐ (5) あなたはだれが好きですか。
(do / who / like / you)?

_____?

Q3 次の日本文を英語に直しなさい。　　（10点×5＝50点）

☐ (1) あの男性はだれですか。

_____

☐ (2) だれがそんなこと（such a thing）を言ったのですか。

_____

☐ (3) だれが昨日，ここに来ましたか。

_____

☐ (4) 彼女はだれを愛していますか。

_____

☐ (5) あなたのお父さんは今，だれと話していますか。

_____

セクション 38 疑問詞 whose

学習日 ◯ 月 ◯ 日　制限時間 **30** 分　答え→別冊 p.14　　　／100点

---

whose は who の親戚（しんせき）のような語で，「**だれの**」という意味の疑問詞です。ふつうは〈**whose＋名詞**〉「**だれの〜**」という形を取ります。この場合の名詞には，冠詞の a/an はつけません。

文全体は〈**Whose＋名詞＋ふつうの疑問文の語順 ?**〉「主語は， だれの名詞を 〜か」という形です。

Whose dictionary is this? （これはだれの辞書ですか）
　Whose＋名詞　　　　疑問文の語順

Whose computer did you use? （あなたはだれのコンピューターを使いましたか）
　Whose＋名詞　　　　疑問文の語順

Q1 次の文の（　　）内の正しいほうを選び，◯で囲みなさい。　（4点×5＝20点）

☐ (1) これらはだれの辞書ですか。
　　（ Whose dictionaries / Who dictionaries) are these?

☐ (2) あなたはだれのペンを使っているところですか。
　　（ Who pen / Whose pen) are you using?

☐ (3) あなたはだれの本を持っていますか。
　　（ Whose books / Who books) do you have?

☐ (4) あなたは今週末にだれのコンピューターを使うつもりですか。
　　（ Whose computer / Whose a computer) will you use this weekend?

☐ (5) これはだれのかさですか。
　　（ Whose an umbrella / Whose umbrella) is this?

Q2 次の日本文に合うように，（　　）内の語を並べかえなさい。　　　　（6点×5 = 30点）

☐ (1) あれはだれのかばんですか。
(bag / whose / that / is)?

_____?

☐ (2) あれらはだれのコンピューターですか。
(are / computers / whose / those)?

_____?

☐ (3) あなたは，だれの雑誌を手に持っていますか。
(you / do / whose / magazine / have) in your hand?

_____ in your hand?

☐ (4) 彼らはだれの考えを支持しましたか。
(idea / did / whose / support / they)?　　　　　　support「支持する」

_____?

☐ (5) 彼はそのとき，だれの車を運転していましたか。
(driving / car / was / whose / he) then?

_____ then?

Q3 次の日本文を英語に直しなさい。　　　　　　　　　　　　　　（10点×5 = 50点）

☐ (1) これはだれのアイディア（idea）ですか。

_____

☐ (2) これらはだれのかばんですか。

_____

☐ (3) あなたはだれの車を運転しているところですか。

_____

☐ (4) 彼らはだれの話（story）を信じましたか。

_____

☐ (5) あなたはだれのコンピューターを使いましたか。

_____

セクション 39 疑問詞 which

which は「どちら」という意味の疑問詞で, which が主語になる〈Which＋動詞 ～?〉「どちらが～か」と, 〈Which＋ふつうの疑問文の語順?〉「主語はどちらを～か」が基本用法です。

Which is your umbrella?（どちらがあなたのかさですか）
　主語　動詞

Which did you choose?（あなたはどちらを選びましたか）
Which　↑ふつうの疑問文の語順

また, which のすぐ後ろに名詞を続ける〈Which＋名詞＋動詞 ～?〉「どちらの名詞が～か」や, 〈Which＋名詞＋ふつうの疑問文の語順?〉「主語はどちらの名詞を～か」という用法もあります。

Which pen is yours?（どちらのペンがあなたのものですか）
Which　名詞　動詞

Which dictionary can I use?（私はどちらの辞書を使えますか）
Which　名詞　ふつうの疑問文の語順

Q1 次の文の(　)内の正しいほうを選び, ○で囲みなさい。 （4点×5＝20点）

☐ (1) あなたは, このペンとあのペンのどちらを選びましたか。
(Which / Who) did you choose, this pen or that one?

☐ (2) どちらがあなたのペンですか。
(Which / Whose) is your pen?

☐ (3) あなたはどちらの辞書を使いましたか。
(Which dictionary / Whose dictionary) did you use?

☐ (4) どちらの本があなたのものですか。
(Whose book / Which book) is yours?

☐ (5) あなたはどちらを取る予定ですか。
(Which are you / Which you are) going to take?

Q2 次の日本文に合うように，（　　）内の語を並べかえなさい。 (6点×5＝30点)

□ (1) あなたは，この本とあの本のどちらを選びましたか。
(choose / which / you / did), this book or that one?

_____, this book or that one?

□ (2) あなたはどちらのかばんを買う予定ですか。
(you / going / to / bag / which / are / buy)?

_____?

□ (3) どちらの本があなたのものですか。
(book / which / yours / is)?

_____?

□ (4) どちらの建物があなたの学校ですか。
(which / is / building / school / your)?

_____?

□ (5) あなたはどちらの辞書を使いましたか。
(you / dictionary / did / use / which)?

_____?

Q3 次の日本文を英語に直しなさい。 (10点×5＝50点)

□ (1) あなたのかばんはどちらですか。

_____

□ (2) 彼女の本はどちらですか。

_____

□ (3) 彼らはどちらの車を買う予定ですか。

_____

□ (4) あなたはどちらの本を買いましたか。

_____

□ (5) どちらのかさがあなたのものですか。

_____

セクション 40 疑問詞 how / how many / how much

疑問詞 how を使った How are you?（ご機嫌いかがですか）は，主語の様子をたずねる表現ですが，how は「どのようにして」と「方法，手段」をたずねる文でも使います。また，〈How many + 名詞の複数形 ～?〉（～はいくつありますか）と「数」をたずねる文や，〈How much ～?〉（～はいくらですか）と「値段」をたずねる文でも使われます。

- 様子　**How** are you?（ご機嫌いかがですか）
- 方法・手段　**How** do you use the machine?（あなたはどのようにその機械を使いますか）
- 数　**How many brothers** do you have?（あなたは何人兄弟がいますか）
- 値段　**How much** is this jacket?（このジャケットはいくらですか）

Q1 次の文の（　）内の正しいほうを選び，○で囲みなさい。　（4点×5＝20点）

(1) 調子はいかがですか。
　　How (are you / do you)?

(2) あなたはどのように英語を勉強しますか。
　　How (do you study / are you study) English?

(3) あなたはどのように通学しますか。
　　How (come you / do you come) to school?

(4) あなたは何人の子どもがいますか。
　　(How many children / How children) do you have?

(5) あなたはポケットの中にいくら持っていますか。
　　(How much / How much many) do you have in your pocket?

Q2 次の日本文に合うように，（　　）内の語を並べかえなさい。　（6点×5＝30点）

☐ (1) 東京の天気はどうですか。
(weather / is / how / the) in Tokyo?

_____ in Tokyo?

☐ (2) あなたはどのようにここに来ましたか。
(come / did / how / you) here?

_____ here?

☐ (3) あなたはどのように英語を習得するつもりですか。
(learn / you / how / going / to / are) English?

_____ English?

☐ (4) その作家は何冊の本を書きましたか。
(how / writer / many / books / did / write / the)?

_____?

☐ (5) あなたは，新しいジャケットにいくら払いましたか。
(did / much / how / pay / you) for your new jacket?

_____ for your new jacket?

Q3 次の日本文を英語に直しなさい。　（10点×5＝50点）

☐ (1) 彼らの調子はいかがですか。

_____

☐ (2) あなたはどのようにここへ来ましたか。

_____

☐ (3) 彼らはどのように学校へ行っていますか。

_____

☐ (4) あなたは昨年，何冊の本を読みましたか。

_____

☐ (5) あなたは昨日，ポケットの中にいくら持っていましたか。

_____

87

セクション 41

how + 形容詞［副詞］の文

学習日 ◯ 月 ◯ 日　制限時間 **30** 分　答え→別冊 p.14　／100点

howのすぐ後ろに形容詞や副詞を置き，〈**How + 形容詞［副詞］+ ふつうの疑問文の語順?**〉の形にすると，「どれだけ〜ですか」と程度をたずねる文になります。代表的な表現を練習しましょう。

年 齢	**How old** are you?（あなたは何歳ですか）
期 間	**How long** did you live there?（あなたはそこにどのくらい住みましたか）
距 離	**How far** is the station from here?（駅はここからどのくらいの距離ですか）
頻 度	**How often** do you see him?（あなたはどのくらいの頻度で彼に会いますか）

このほか，**How soon** will he come here?（彼はあとどのくらいでここに来ますか）のような，「これから要する時間」をたずねる表現もあります。

Q 1 次の文の（　）内の正しいほうを選び，◯で囲みなさい。　　（4点×5 = 20点）

☐ (1) あなたは何歳ですか。
How old (are you / you are)?

☐ (2) 郵便局はここからどれくらいの距離ですか。
How far (is the post office / the post office is) from here?

☐ (3) あなたはどれくらいの期間，タイに住んでいましたか。
How long (did you live / lived you) in Thailand?

☐ (4) あなたはどれくらいの頻度でテニスをしますか。
How often (you play / do you play) tennis?

☐ (5) この電車はあとどれくらいで出発しますか。
How soon (is this train going to leave / are this train going to leave)?

Q2 次の日本文に合うように，（　　）内の語句を並べかえなさい。　(6点×5 = 30点)

☐ (1) 彼は何歳でしたか。
(old / was / how / he)?

_____?

☐ (2) あなたの学校は建ってどれくらいですか。
(is / how / your school / old)?

_____?

☐ (3) あなたはどれくらいの間，ここに滞在する予定ですか。
(to / how / are / long / you / going / stay) here?

_____ here?

☐ (4) あなたはどれくらいの頻度で旅行しましたか。
(often / you / travel / how / did)?

_____?

☐ (5) 彼女はあとどれくらいで戻りますか。
(how / come back / soon / will / she)?

_____?

Q3 次の日本文を英語に直しなさい。　(10点×5 = 50点)

☐ (1) 図書館はここからどれくらいの距離ですか。

_____

☐ (2) この教会（church）は建設されて何年ですか。

_____

☐ (3) あなたはどれくらいの期間，日本に滞在する予定ですか。

_____

☐ (4) あなたは，どれくらいの頻度で英語を勉強しますか。

_____

☐ (5) あなたのお父さんは，あとどれくらいで戻りますか。

_____

セクション 42 疑問詞 where, when, why

疑問詞の where（どこ），when（いつ），why（なぜ）は，これまで学習したふつうの疑問文を続けるだけで，さまざまな意味の文を作ることができます。

where	どこで[に]	**Where** did you get the computer? （あなたはどこで，そのコンピューターを入手しましたか）
when	いつ	**When** is your friend going to come to Japan? （あなたの友だちはいつ，日本に来る予定ですか）
why	なぜ	**Why** were you so angry? （あなたはなぜ，そんなに怒っていたのですか）

 次の文の（　）内の正しいほうを選び，○で囲みなさい。　（4点×5 ＝ 20点）

(1) あなたは今，どこに行くところですか。
(Where / Why) are you going now?

(2) あなたの家族は，毎週日曜日にどこに行きますか。
(Where / When) does your family go on Sundays?

(3) あなたはふつう，いつ英語を勉強しますか。
(When / Where) do you usually study English?

(4) 彼女はいつコンピューターを使いますか。
(Why / When) does she use a computer?

(5) あなたの先生は，なぜあなたに連絡を取ったのですか。
(Why / Where / When) did your teacher contact you?

Q2 次の日本文に合うように，（　　）内の語句を並べかえなさい。　（6点×5 = 30点）

□ (1) 彼らは，今度の土曜日にどこへ行く予定ですか。
(to / going / they / where / are / go) next Saturday?

_____ next Saturday?

□ (2) トムとボブはどこで働いていますか。
(Tom / do / and Bob / where / work)?

_____ ?

□ (3) 彼女はいつ日本に戻って来たのですか。
(to / did / when / back / Japan / come / she)?

_____ ?

□ (4) あなたはいつロンドンを訪問する予定ですか。
(you / when / going / to / are / London / visit)?

_____ ?

□ (5) あなたはなぜ怒っていたのですか。
(you / were / why / angry)?

_____ ?

Q3 次の日本文を英語に直しなさい。　（10点×5 = 50点）

□ (1) 彼らは今度の日曜日，どこに行くつもりですか。（will を使って）

_____

□ (2) あなたのお父さんはどこで働いていますか。

_____

□ (3) ジョージ (George) はいつ日本に来たのですか。

_____

□ (4) あなたはなぜ彼女に連絡を取ったのですか。

_____

□ (5) 彼女はなぜ悲しかったのですか。

_____

セクション 43 命令文

学習日 ◯月 ◯日　制限時間 **30**分　答え→別冊 p.15　／100点

英文は「主語（〜は）＋動詞（〜する）」で始めるのが基本ですが，**主語を置かずに動詞の原形から文を始める**ことがあります。その文を「**命令文**」といい，「〜しなさい」という意味を表します。もう少していねいにお願いしたい場合は，〈**Please＋動詞の原形 〜 .**〉や〈**動詞の原形 〜 , please.**〉のように，文頭か文末に please を置きます。文末に please を置くときにはカンマ（,）を please の前に置きます。

You study English hard.（あなたは一生懸命，英語を勉強します）

Study English hard.（一生懸命，英語を勉強しなさい）

Please study English hard.（一生懸命，英語を勉強してください）

（ = Study English hard, please.）

You are kind.「あなたは親切です」を命令文にすると，**Be** kind.「親切にしなさい」となります。be は，am / are / is / was / were という 5 種類の be 動詞の原形です。

Q1 次の文の（　）内の正しいほうを選び，◯で囲みなさい。 （4点×5 = 20点）

□ ⑴ 英語を勉強しなさい。
(Study / Studying) English.

□ ⑵ 歌を歌いなさい。
(Sing / Singing) a song.

□ ⑶ 他人には親切にしなさい。
(Are / Be) kind to others.

□ ⑷ 家にすぐ帰って来てください。
(Coming / Come) home now, please.

□ ⑸ かさを持って来てください。
(Please take / Please taking) an umbrella with you.

92

Q2 次の日本文に合うように，（　　）内の語句を並べかえなさい。　（6点×5＝30点）

□ (1) 手を洗いなさい。
(your / wash / hands).

_____.

□ (2) 座ってください。
(down / please / , / sit).

_____.

□ (3) 体にお気をつけください。
(please / take care / of yourself).

_____.

□ (4) 足元に気をつけてください。
(watch / , / your / please / step).　　　　　step「足元」

_____.

□ (5) 注意してください。
(be / careful / please).

_____.

Q3 次の日本文を英語に直しなさい。　（10点×5＝50点）

□ (1) 英語を勉強しなさい。

_____

□ (2) すぐ家に帰ってきなさい。

_____

□ (3) 手を洗ってください。

_____

□ (4) 歌（a song）を歌ってください。

_____

□ (5) お年寄り（elderly people）には親切にしてください。

_____

否定の命令文

「～しなさい」ではなく，「～しないで」という禁止の意味の命令文は，前のセクションで学習した命令文の前に Don't を置き，〈Don't＋動詞の原形 ～ .〉とします。この文でも，少していねいに言いたい場合は〈Please＋don't＋動詞の原形 ～ .〉や〈Don't＋動詞の原形 ～ , please.〉のように，文頭か文末に please を置いて表現します。

     Come here.　（ここに来なさい）
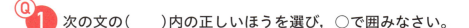
    （Don't を文頭に置く）
   Don't come here.　（ここに来ないで）
Please don't come here.　（ここに来ないでください）
（＝ Don't come here, please.）

Q1 次の文の（　）内の正しいほうを選び，○で囲みなさい。　（4点×5＝20点）

(1) ここに来ないで。
 (Don't come / Not come) here.

(2) この机には触れないで。
 (Not touch / Don't touch) this desk.

(3) あまり話をしすぎないでください。
 (Please don't talk / Please not talk) too much.

(4) 騒がしくしないでください。
 (Please not be / Please don't be) noisy.

(5) この川で泳がないで。
 (Don't swim / Please swim) in this river.

Q2 次の日本文に合うように，（　　）内の語句を並べかえなさい。　　（6点×5＝30点）

☐ (1) そんなこと言わないで。
(such a thing / don't / say).

_____.

☐ (2) 他人の悪口は言わないで。
(others / speak ill of / don't).　　speak ill of ～「～のことを悪く言う」

_____.

☐ (3) じゃまをしないでください。
(interrupt / , / don't / please).　　interrupt「じゃまをする」

_____.

☐ (4) 怒らないでください。
(get / please / don't / angry).

_____.

☐ (5) 緊張しないでください。
(nervous / please / be / don't).　　nervous「緊張して」

_____.

Q3 次の日本文を英語に直しなさい。　　（10点×5＝50点）

☐ (1) この本には触れないで。

_____

☐ (2) じゃまをしないで。

_____

☐ (3) 他人の悪口は言わないでください。

_____

☐ (4) 騒がしくしないでください。

_____

☐ (5) あまりしゃべりすぎないでください。　　too much「～すぎて」

_____

セクション 45 Let's 〜．

Let's go.「行こう！」という表現を知っている人も多いでしょう。この「〜しよう」という表現は，「〜しなさい」という命令文の前に Let's を置き，〈**Let's ＋ 動詞の原形 〜．**〉という形にします。

Sing a song.（歌を歌いなさい）

Let's sing a song.（歌を歌いましょう）

Q1 次の文の（　）内の正しいほうを選び，◯で囲みなさい。 (4点×5＝20点)

(1) さあ，行きましょう。
　　(Let's go / Let go) now.

(2) 歌を歌いましょう。
　　(Let's sing / Please sing) a song.

(3) 今晩，外食をしましょう。
　　(Don't eat out / Let's eat out) tonight.

(4) 踊りましょう。
　　(Let's dance / Please dance).

(5) 英語を勉強しましょう。
　　(Study / Let's study) English.

Q2 次の日本文に合うように，（　）内の語句を並べかえなさい。 (6点×5＝30点)

(1) 電車に乗りましょう。
　　(a / let's / take / train).
　　_____.

(2) 散歩をしましょう。
　　(take / let's / a / walk).
　　_____.

- (3) ジュースを飲みましょう。
  (juice / let's / drink).

  _____.

- (4) 公園でサッカーをしましょう。
  (let's / soccer / in the park / play).

  _____.

- (5) YouTube（ユーチューブ）の動画を見ましょう。
  (YouTube videos / let's / watch).

  _____.

Q3 Let's ～を使って，次の日本文を英語に直しなさい。 （10点×5＝50点）

- (1) 中国語を勉強しましょう。

  _____

- (2) 踊りましょう。

  _____

- (3) 外食しましょう。

  _____

- (4) 公園で野球をしましょう。

  _____

- (5) 今晩，ワイン（wine）を飲みましょう。

  _____

 知っトク 提案を断る表現

「やめておきましょう」と言って相手の提案を断るときは **No, let's not.** と言います。また，「行かないでおきましょう」のように何かを行わないことを提案する場合には，**Let's not go.** のように，Let's の直後に not を置いて表現します。

セクション 46 There is ~. / There are ~.

「~がある，~がいる」という何かの存在を表すには，〈There is + a[an] + ものや人の単数形 ~.〉や〈There are + ものや人の複数形 ~.〉という文を使います。be 動詞に続くものや人が単数の場合は is，複数の場合は are を使います。また，「~があった，~がいた」のように過去のことを表す場合には，is を was に，are を were にします。

There **is a cat** on the table. （テーブルの上にネコがいます）
There **were five cats** on the table. （テーブルの上に5匹のネコがいました）

Q1 次の文の（　）内の正しいほうを選び，○で囲みなさい。 （4点×5 = 20点）

(1) テーブルの上に本があります。
(There is / There are) a book on the table.

(2) 公園には何人かの生徒がいます。
(There is / There are) some students in the park.

(3) この部屋には大きなテーブルがあります。
(There is / There was) a large table in this room.

(4) その店にはたくさんの客がいました。
(There are / There were) a lot of customers in the shop.

(5) 箱の中には小さな犬がいました。
(There was / There are) a small dog in the box.

Q2 次の日本文に合うように，（　　）内の語句を並べかえなさい。　(6点×5 = 30点)

☐ (1) テーブルの上にはカップがあります。
(a / there / cup / is) on the table.

_____ on the table.

☐ (2) 教室には小さな女の子がいます。
(is / a / girl / little / there) in the classroom.

_____ in the classroom.

☐ (3) 部屋の中にはいくつかのいすがありました。
(in / chairs / there / were / some / the room).

_____.

☐ (4) ソファーの上には小さなネコがいます。
(is / the sofa / on / there / small / cat / a).

_____.

☐ (5) パーティーにはたくさんのゲストがいました。
(a lot of / were / there / the party / at / guests).

_____.

Q3 次の日本文を英語に直しなさい。　(10点×5 = 50点)

☐ (1) テーブルの上に数冊の雑誌（magazine）があります。

_____

☐ (2) この部屋にいすが3脚あります。

_____

☐ (3) この箱の中にはたくさんの本があります。

_____

☐ (4) 教室には数人の生徒がいました。

_____

☐ (5) 公園には小さな女の子が1人いました。

_____

セクション 47

There is [are] 〜. の否定文と疑問文

There is [are] 〜. の否定文と疑問文の作り方は，これまでの be 動詞の文と同じです。否定文の場合は be 動詞の後ろに not を置き，疑問文の場合は be 動詞を文頭に置きます。答え方は，**Yes, there is [are].**（はい，います[あります]）や **No, there is [are] not.**（いいえ，いません[ありません]）のように there を使って答えます。なお，There is not は There isn't，There are not は There aren't と短縮できます。

There is a cup on the desk. （机の上にカップがあります）

否定文 There **is not** [**isn't**] a cup on the desk. （机の上にカップはありません）

疑問文 **Is there** a cup on the desk? （机の上にはカップはありますか）
　　　— **Yes, there is.** （はい，あります）
　　　— **No, there is not** [**isn't**]. （いいえ，ありません）

1 次の文の（　）内の正しいほうを選び，〇で囲みなさい。　　　　　(4点×5 = 20点)

☐ (1) いすの下にネコはいません。
　　(There is not / There not) a cat under the chair.

☐ (2) バスケットの中にはバナナが1つもありません。
　　(There are not / There is not) any bananas in the basket.

☐ (3) この部屋にはたくさんの本はありませんでした。
　　(There wasn't / There weren't) a lot of books in this room.

☐ (4) あなたのポケットにスマートフォンはありましたか。— はい，ありました。
　　(Was there / Were there) a smartphone in your pocket?
　　— Yes, (there / it) was.

☐ (5) オフィスにはたくさんの人々がいますか。— いいえ，いません。
　　(Is there / Are there) a lot of people in the office?
　　— No, there (aren't / weren't).

Q2 次の日本文に合うように，（　　）内の語句を並べかえなさい。　　　（6点×5＝30点）

□ (1) 部屋には少年が1人もいません。(aren't / there / in the room / any boys).

_____.

□ (2) 私のポケットにかぎはありませんでした。
(in / there / key / my pocket / wasn't / a).

_____.

□ (3) この街には大きな公園がありません。
(large / this city / isn't / there / in / park / a).

_____.

□ (4) そのロビーにはスーツケースがいくつかありますか。— はい，あります。
(in / there / the lobby / any suitcases / are)? — (there /, / yes / are).

_____? — _____.

□ (5) その動物園にはカンガルーがいますか。— いいえ，いません。
(there / is / kangaroo / the zoo / in / a)? — (there /, / no / isn't).

_____? — _____.

Q3 次の日本文を英語に直しなさい。　　　（10点×5＝50点）

□ (1) 机の上には，（1冊の）本はありませんでした。

_____

□ (2) この部屋には生徒は1人もいません。

_____

□ (3) いすの上には（1つの）かぎがありますか。— はい，あります。

_____ — _____

□ (4) この教室にはたくさんの生徒がいましたか。— はい，いました。

_____ — _____

□ (5) 公園の中には何人かの男の子がいましたか。— いいえ，いませんでした。

_____ — _____

101

確認テスト 2

出題範囲 セクション26〜47

1 次の(　)に入れるのに適当な語句を，[　]内から選びなさい。(4点×5=20点)

□ (1) 私の母は英語とフランス語を話すことができます。
　　　My mother (　　　　　) English and French.
　　　　　　　　　　　　　　　　[can speak / can speaks / able to speak]

□ (2) 市立公園には大勢の男子と女子がいます。
　　　There (　　　　　) a lot of boys and girls in the city park.
　　　　　　　　　　　　　　　　[is / are / was]

□ (3) 自己中心的にならないでください。
　　　Don't (　　　　　) selfish, please.　　　　[be / do / are]

□ (4) あなたは今日，宿題をやる必要はありません。
　　　You (　　　　　) do your homework today.
　　　　　　　　　　　　[don't have / don't have to / must not to]

□ (5) あなたには何人兄弟がいますか。
　　　(　　　　　) do you have?
　　　　　　　　[How brothers / How much brothers / How many brothers]

2 次の文を指示に従って書きかえなさい。(6点×5=30点)

□ (1) There are some birds in the tree.（some birds を a bird にして）

_____

□ (2) The athlete can swim very fast.（be able to を使って）

_____

□ (3) All the students must stay at home tonight.（文中に will を加えて）

_____

□ (4) These are their rackets.（下線部が答えの中心となる疑問文に）

_____

□ (5) Her brother ate sandwiches for lunch.（下線部が答えの中心となる疑問文に）

_____

102

3 次の日本文に合うように，（　　）内の語句を並べかえなさい。　　(4点×5=20点)

□ (1) 彼はすぐに英語を話すことができるでしょう。

(English / be / will / able / speak / to / he) soon.

_____ soon.

□ (2) 少し休憩をしてはいかがですか。

(like / you / take a break / would / to) a little?

_____ a little?

□ (3) なぜ彼は今，先生と話をしているのですか。

(his teacher / is / why / talking / he / with) now?

_____ now?

□ (4) あなたはいつ，日本に帰ってくるつもりですか。

(to / will / come / back / Japan / when / you)?

_____ ?

□ (5) この辺りには大きな家が1つもありませんでした。

(weren't / any large houses / there / around here).

_____ .

4 次の日本文を英語に直しなさい。　　(6点×5=30点)

□ (1) 英語の歌を歌いましょう。

_____

□ (2) あなたは来年で何歳になりますか。

_____

□ (3) もう1杯，ジュースはいかがですか。

_____

□ (4) 昨晩，だれがここに来ましたか。

_____

□ (5) 彼の名前は何ですか。

_____

不定詞の名詞的用法

セクション 48

学習日 ◯ 月 ◯ 日　制限時間 **30** 分　答え→別冊 p.17　　／100点

不定詞は，**to study** English や **to play** tennis のような〈to＋動詞の原形〉で作る意味のカタマリで，**名詞的用法では「～すること」という意味**になります。たとえば，I like apples.（私はリンゴが好きです）の apples という名詞の代わりに to study English という不定詞を置くと，**I like to study English.（私は英語を勉強することが好きです）** という意味になります。このような不定詞は，名詞のような働きをするので名詞的用法と呼ばれます。

I like **apples**. （私はリンゴが好きです）

I like **to study English**. （私は英語を勉強することが好きです）

Q1 次の文の（　　）内の正しいほうを選び，◯で囲みなさい。　　（4点×5＝20点）

☐ (1) 私はサッカーをすることが好きです。
I like (to playing / to play) soccer.

☐ (2) 私はフランスの文化を学ぶことを望みます。
I hope (to learn / to learning) the culture of France.

☐ (3) 彼は1人になりたいと思っています。
He wants (to is / to be) alone.

☐ (4) 彼女は，自分が生まれた場所を訪問することを決めました。
She decided (to visit / visited) her birthplace.　　birthplace「生まれた場所」

☐ (5) 私の趣味はカードを集めることです。
My hobby is (collected / to collect) cards.

104

Q2 次の日本文に合うように，（　　）内の語句を並べかえなさい。 (6点×5 = 30点)

☐ (1) 私たちはギターを弾くことが好きです。
We like (play / to / guitar / the).

We like _____.

☐ (2) 私たちは彼女に謝ることを決めました。
We decided (apologize / to) to her.

We decided _____ to her.

☐ (3) 私は将来，数学の先生になりたいです。
I want (be / a math teacher / to) in the future.

I want _____ in the future.

☐ (4) 彼の趣味は海外旅行をすることです。
His hobby is (travel / to / abroad).

His hobby is _____.

☐ (5) 私の夢は新しい車を持つことです。
My dream is (a / car / have / to / new).

My dream is _____.

Q3 次の日本文を英語に直しなさい。 (10点×5 = 50点)

☐ (1) 私は野球をすることが好きです。

_____

☐ (2) 私は将来，優れた（excellent）医師になりたいです。

_____

☐ (3) 私は小説（a novel）を書くことを決めました。

_____

☐ (4) 私はイタリア（Italy）に行くことを望みます。

_____

☐ (5) 私の趣味は読書をすることです。

_____

セクション 49 不定詞の副詞的用法 ①

学習日 ◯ 月 ◯ 日　制限時間 **30** 分　答え→別冊 p.17　　／100点

副詞は run <u>fast</u>（速く走る）のように，主に動詞を説明する語です。**不定詞の副詞的用法は「～するために（目的）」という意味で，副詞のような働きをします。**たとえば，I went to America. に to study English（英語を勉強するために）を続けると，I went to America to study English.「私は英語を勉強するためにアメリカに行きました」となり，to study English が副詞のように went を説明しています。なお，to の部分を in order to や so as to にすることもあります。

I went to America **to study English**.

(私は英語を勉強するためにアメリカに行きました)

I went to America **in order to study English**.
I went to America **so as to study English**.

Q1 次の文の（　　）内の正しいほうを選び，◯で囲みなさい。　　（4点×5＝20点）

☐ (1) 彼は，英語を勉強するためにオーストラリアに行きました。
He went to Australia (to study / study) English.

☐ (2) 私たちは，始発電車に乗るために早く家を出ました。
We left home early (take / to take) the first train.

☐ (3) 私は，試験に合格するために熱心に勉強をしました。
I studied hard (to pass / to passing) the exam.

☐ (4) 彼女は，友人に会うために駅へ行きました。
She went to the station (so as to meet / so to meet) her friends.

☐ (5) 私たちは，ビジネスで成功するためにたくさんの努力をしました。
We made a lot of efforts (in order succeed / in order to succeed) in our business.　　make a lot of efforts「たくさん努力する」

Q2 次の日本文に合うように，（　　）内の語句を並べかえなさい。　（6点×5 = 30点）

□ (1) 私の母は，食料を買うためにスーパーへ行きました。
My mother went to the supermarket (to / food / some / buy).

My mother went to the supermarket _____.

□ (2) 彼女は昨日，友人たちに会うためにここに来ました。
She came here (meet / to / her / friends) yesterday.

She came here _____ yesterday.

□ (3) 私は，小さな息子の面倒を見るために早く戻って来ました。
I came back early (take care of / little son / to / my).

I came back early _____.

□ (4) 彼は，たくさんのお金をかせぐために熱心に働きました。
He worked hard (a lot of / in order to / make / money).

He worked hard _____.

□ (5) 私は，始発電車に乗るために早く起きました。
I got up early (first / so as to / take / the / train).

I got up early _____.

Q3 〈to＋動詞の原形〉を使って，次の日本文を英語に直しなさい。　（10点×5 = 50点）

□ (1) 彼女は，彼女の小さな子どもの面倒を見るために早く戻って来ました。

_____

□ (2) 彼らは，始発電車に乗るために早く起きなければなりませんでした。

_____

□ (3) 彼女は，友人に会うために東京へ行きました。

_____

□ (4) タカシは，英語を勉強するためにオーストラリア（Australia）に行く予定です。

_____

□ (5) 私は，たくさんお金をかせぐために，熱心に働かなければなりません。

_____

107

セクション 50 不定詞の副詞的用法 ②

前のセクションでは目的を表す副詞的用法を学習しましたが，ここでは「感情の原因」を表す用法を学びましょう。**人がある感情を抱いた理由を〈to＋動詞の原形〉で表すことができます。**たとえば，I'm happy.（私はうれしいです）に to meet you を加えて I'm happy to meet you. とすると，「私はあなたに会えてうれしいです」という意味になり，うれしいと思う理由を言い表すことができます。この不定詞は，感情を表す形容詞の後ろに続けます。

I'm **happy**.　（私はうれしいです）

I'm **happy to meet you.**　（私はあなたに会えてうれしいです）

Q1 次の文の（　）内の正しいほうを選び，○で囲みなさい。　（4点×5＝20点）

(1) 私たちはあなたに会えてうれしいです。
We are happy (meet / to meet) you.

(2) 彼らは，ニュースを聞いて驚いています。
They are surprised (to hear / hear) the news.

(3) 彼は，その試合を見て興奮しました。
He was excited (to watching / to watch) the game.

(4) 彼女は父親の死を知って，とても悲しみました。
She was very sad (to know / to knowing) her father's death.

(5) 私はその問題を解いて，とてもうれしくなりました。
I became very happy (to solving / to solve) the question.

Q2 次の日本文に合うように，（　　）内の語句を並べかえなさい。　　(6点×5＝30点)

□ (1) 彼は，彼の旧友に会って喜んでいました。
He was (to / glad / old friends / meet / his).

He was _____.

□ (2) 私たちは，コンテストの結果を知って驚きました。
We were (result / surprised / know / the / to) of the contest.

We were _____ of the contest.

□ (3) 彼女は，そのうわさを聞いてとても悲しみました。
She was (the rumor / to / very sad / hear).　　　　rumor「うわさ」

She was _____.

□ (4) 彼は，有名なアスリートに会ってとても興奮しています。
He is (a / athlete / very excited / meet / famous / to).

He is _____.

□ (5) 私たちは，ここであなたと会えてとてもうれしくなりました。
We became (you / here / very happy / to / meet).

We became _____.

Q3 次の日本文を英語に直しなさい。　　(10点×5＝50点)

□ (1) 私はあなたに会えてうれしいです。

_____

□ (2) 彼女は彼の歌を聞いて興奮しました。

_____

□ (3) 彼らはそのニュースを聞いて驚きました。

_____

□ (4) 私たちは旧友たちに会えてとても喜びました。

_____

□ (5) 彼は，彼の父親の死を知ってとても悲しみました。

_____

セクション 51 不定詞の形容詞的用法

学習日 ◯ 月 ◯ 日　制限時間 **30** 分　答え→別冊 p.18　／100点

形容詞は名詞を説明する語です。**不定詞の形容詞的用法も〈to＋動詞の原形〉のカタマリが，前にある名詞を説明する役割を果たします。**たとえば，I want something.（私は何かがほしいです）の後ろに to drink を置くと something to drink（飲む（ための）もの）となり，文全体では，I want something to drink.（私は飲むためのもの（飲みもの）がほしいです）となります。不定詞の形容詞的用法は，「〜するための，〜すべき」という日本語になるのが一般的です。

I want **something**.　（私は何かがほしいです）

I want **something to drink**.　（私は飲む（ための）ものがほしいです）

Q1 次の文の（　）内の正しいほうを選び，◯で囲みなさい。 （4点×5＝20点）

☐ (1) 彼は食べる（ための）ものを必要としました。
He needed something (to eat / eating).

☐ (2) 私たちは解決すべき大きな問題を持っています。
We have a big problem (solve / to solve).

☐ (3) 彼女には，いっしょに話す（ための）友人がたくさんいます。
She has a lot of friends (to talk with / to talking with).

☐ (4) 彼らには，宿題をする（ための）時間がたくさんあります。
They have a lot of time (to do their homework / do their homework).

☐ (5) そのアスリートは，速く泳ぐ能力を持っています。
The athlete has the ability (to swimming fast / to swim fast).

Q2 次の日本文に合うように，（　　）内の語句を並べかえなさい。　　　（6点×5＝30点）

□ (1) 彼は飲む（ための）ものをほしいと思っています。
(wants / he / something / to drink).

_____.

□ (2) 私たちはリラックスする（ための）時間がありません。
(have / we / to relax / no time).

_____.

□ (3) 彼女はいくつかの言語を話す能力を持っています。
(the / has / ability / to speak / she) several languages.

_____ several languages.

□ (4) そのお年寄りの女性は座る（ための）いすを必要としました。
(needed / the / elderly woman / a chair / to sit on).

_____.

□ (5) 私は温かい食べものがほしいです。
(want / I / something hot / to eat).

_____.

Q3 次の日本文を英語に直しなさい。　　　（10点×5＝50点）

□ (1) 私たちは何か食べるものがほしいです。

_____

□ (2) 彼らは解決すべき深刻な（serious）問題を持つでしょう。

_____

□ (3) 私の兄にはいっしょに話す（ための）友人がたくさんいます。

_____

□ (4) 私たちには宿題をする時間がたくさんあります。

_____

□ (5) その俳優は，いくつかの言語を話す能力を持っています。

_____

111

セクション 52 動名詞

48 で不定詞の名詞的用法（～すること）を学習しましたが，**動名詞とは，不定詞の名詞的用法とほぼ同じ役割を持つ「動詞の ing 形」を指します**。たとえば，I like to play tennis. は，play の動名詞 playing を使って I like playing tennis. としても意味はほぼ同じです。like はこのように不定詞と動名詞のどちらも続けることができますが，enjoy（楽しむ）や finish（終える）のような動詞は動名詞だけを後ろに続けます。

| 不定詞 | I like to play tennis. （私はテニスをするのが好きです）
| 動名詞 | I like **playing** tennis. （私はテニスをするのが好きです）
| 動名詞 | I enjoyed **playing** tennis. （私はテニスをすることを楽しみました）

Q1 次の文の（　）内の正しいほうを選び，○で囲みなさい。 （4点×5＝20点）

(1) 私は海外旅行をすることが好きです。
　I like (traveling abroad / to traveling abroad).

(2) 私たちはお互いに話をすることを楽しみました。
　We enjoyed (to talk / talking) with each other.

(3) 彼女は母親への手紙を書き終えました。
　She finished (writing a letter / to write a letter) to her mother.

(4) 彼女はたった今，このオフィスで働くことをやめました。
　She stopped (working / to working) at this office just now.

(5) 彼の趣味は小説を読むことです。
　His hobby is (reading / to reading) novels.

Q2 次の日本文に合うように，（　　）内の語句を並べかえなさい。　　(6点×5＝30点)

☐ (1) 私たちは数日前，このオフィスで働き始めました。
(started / we / at / working / this office) a few days ago.

_____ a few days ago.

☐ (2) 彼は数時間前，宿題をし終えました。
(his / finished / he / doing / homework) a few hours ago.

_____ a few hours ago.

☐ (3) 彼女は先月，喫煙をすることをやめました。
(stopped / smoking / she) last month.

_____ last month.

☐ (4) 私の友人と私は，お互いに話をすることを楽しみました。
(my friend / enjoyed / and I / talking) with each other.

_____ with each other.

☐ (5) 私の趣味は切手を集めることです。
(hobby / collecting / stamps / my / is).

_____ .

Q3 動名詞を使って，次の日本文を英語に直しなさい。　　(10点×5＝50点)

☐ (1) 私の趣味は外国語（a foreign language）を学ぶことです。

_____

☐ (2) 私たちは海外旅行をすることが好きです。

_____

☐ (3) その小説家（novelist）は新しい小説を書き始めました。

_____

☐ (4) 私の兄はたった今，宿題をし終えました。

_____

☐ (5) 私の父はコーヒーを飲むことをやめました。

_____

セクション 53 接続詞

学習日 ◯月 ◯日　制限時間 **30** 分　答え→別冊 p.18　　／ 100点

ここでは，接続詞の中でも等位接続詞と呼ばれる and（そして），or（または），but（しかし），so（だから）について学習します。これらの接続詞は基本的に，**語と語，語句と語句など，同じ種類のものを対等につなぎます。**たとえば，oranges **and** apples の and は名詞の複数形をつないでいます。beautiful **or** pretty の or は形容詞をつないでいます。また，I like English, **but** she likes math. の but は，語句のカタマリ同士をつないでいます。and や or を使った重要構文には次のようなものがあります。

Hurry up, and you will catch the train.

（急ぎなさい，そうすれば電車に間に合います）

Hurry up, or you will miss the train.

（急ぎなさい，そうしないと電車に乗り遅れます）

Q1 次の文の（　　）内の正しいほうを選び，◯で囲みなさい。　　（4点×5 = 20点）

□ ⑴ 私は昨晩，英語と数学を勉強しました。
I studied English (and / but) math last night.

□ ⑵ 彼は優しくて正直な男性です。
He is a kind (or / and) honest man.

□ ⑶ あなたは，英語とフランス語のどちらを勉強しましたか。
Which did you study, English (but / or) French?

□ ⑷ しっかり勉強しなさい，そうすれば将来，幸せになるでしょう。
Study hard, (or / and) you will be happy in the future.

□ ⑸ しっかり勉強しなさい，そうしないと試験に合格できないでしょう。
Study hard, (and / or) you won't be able to pass the test.

Q2 次の日本文に合うように，（　　）内の語句を並べかえなさい。　　（6点×5 = 30点）

□ ⑴ 彼は熱心に勉強しましたが，試験に合格できませんでした。
He studied hard, (wasn't / pass / but / he / able / to) the test.

He studied hard, ＿＿＿＿＿＿＿＿＿＿＿＿＿＿＿＿＿＿＿ the test.

- (2) 私の父は強くて優しい男性です。
    My father is (and / a strong / kind / man).
    My father is _____.
- (3) 一生懸命働きなさい，そうすればあなたは幸せになれるでしょう。
    Work hard, (you / be / and / will / happy).
    Work hard, _____.
- (4) あなたはこの本とあの本のどちらを読みたいですか。
    Which (read / you / , / do / want / this book / or / to) that one?
    Which _____ that one?
- (5) 急ぎなさい，そうしないと学校に遅刻しますよ。
    Hurry up, (for / late / will be / or / you) school.
    Hurry up, _____ school.

Q3 次の日本文を英語に直しなさい。 （10点×5＝50点）

- (1) トム（Tom）とケンはよい友だちです。

- (2) 急ぎなさい，そうしないと電車に間に合わないでしょう。

- (3) 彼女は熱心に勉強しましたが，試験に合格できませんでした。

- (4) 早く起きなさい，そうすればバスに間に合うでしょう。

- (5) 彼女は親切で美しい女性です。

ポイント　接続詞を使った重要表現

1. both *A* and *B*（*A* も *B* も）
    He studied both English and math. （彼は英語も数学も勉強しました）
2. either *A* or *B*（*A* か *B* かどちらか）
    You can eat either this cake or that one.
    （あなたは，このケーキかあのケーキのどちらかを食べることができます）

115

セクション 54 接続詞 if と because

if（もし〜なら）やbecause（〜なので）を**従属接続詞**といいます。従属接続詞は，後ろに主語と動詞を置いて，意味のカタマリを作ります。たとえば，〈if＋主語＋動詞 〜〉は「もし（主語が）〜したら，〜するならば 条件 」，〈because＋主語＋動詞 〜〉は「（主語は）〜するので 理由 」という意味のカタマリになります。〈従属接続詞＋主語＋動詞〉のカタマリは，文頭にも文末にも置くことができます。ただし，because 〜は文末に置くのがふつうです。また，文末にifやbecause 〜がくるときは，ifやbecauseの前にカンマは入れません。

If it is rainy tomorrow, we will stay home.
（もし明日雨ならば，私たちは家にいるでしょう）
＝ We will stay home **if it is rainy tomorrow**.

 Q1 次の文の（　）内の正しいほうを選び，○で囲みなさい。 （4点×5＝20点）

☐ (1) もし明日が雨ならば，私は家にいるでしょう。
(If it is / If is it) rainy tomorrow, I will stay home.

☐ (2) もしあなたが疲れているならば，眠ることができます。
You can sleep (if you are / if are you) tired.

☐ (3) 彼らは悲しかったので，泣き始めました。
They began to cry (because were they / because they were) sad.

☐ (4) 彼らは健康であることを望んでいたので，よく散歩をしました。
They often took a walk (because they wanted / because their wanted) to be healthy.

☐ (5) 彼女は友人と話をしていたので，電話に出ることができませんでした。
She couldn't answer the phone (because she was talking / because was she talking) with her friends.

116

Q2 次の日本文に合うように，（　　）内の語句を並べかえなさい。　(6点×5＝30点)

☐ (1) もし明日晴れたら，私は母親と買いものに行く予定です。
(fine / is / it / if / tomorrow), I will go shopping with my mother.

_____, I will go shopping with my mother.

☐ (2) もしあなたがとても疲れているなら，休憩することができます。
You can take a break (very / you / if / are / tired).

You can take a break _____.

☐ (3) 彼らは幸せだったので，パーティーを開催することを望みました。
They wanted to have a party (they / because / happy / were).

They wanted to have a party _____.

☐ (4) 彼らは裕福になりたかったので，熱心に働きました。
They worked hard (wanted to be / they / rich / because).

They worked hard _____.

☐ (5) 彼女はやることがたくさんあったので，時間をむだにしたくありませんでした。
She didn't want to waste her time (because / had / she / to do / things / a lot of).

She didn't want to waste her time _____.

Q3 次の日本文を英語に直しなさい。　(10点×5＝50点)

☐ (1) もし彼女が来るなら，私もそこへ行きたいです。（If で始めて）

_____

☐ (2) もし明日晴れたら，いっしょに出かけ（go out）ましょう。（Let's で始めて）

_____

☐ (3) 彼女は疲れていたので，早く寝ました。

_____

☐ (4) 彼は裕福になりたかったので，熱心に働きました。

_____

☐ (5) 私には大きな夢があるので，時間をむだにしたくありません。

_____

セクション 55

接続詞
when, before, after

学習日 ◯ 月 ◯ 日　制限時間 **30**分　答え→別冊 p.19　　／100点

if, because のほかに, 従属接続詞には **when, before, after** があります。意味は異なりますが, 使い方は if や because と同じで,〈**when**＋主語＋動詞〉「(主語が)〜するとき」,〈**before**＋主語＋動詞〉「(主語が)〜する前に」,〈**after**＋主語＋動詞〉「(主語が)〜したあとに」のような意味のカタマリを作ります。if 同様, 文頭にも文末にも置けます。

When he called us, we were going to the airport.

(彼が私たちに電話をしてきたとき, 私たちは空港に向かっていました)

We were going to the airport **when he called us**.

Q1 次の文の(　　)内の正しいほうを選び, ◯で囲みなさい。　　　(4点×5＝20点)

☐ (1) そのニュースを聞いたとき, 彼女は泣き始めました。
(When she heard / When did she hear) the news, she began to cry.

☐ (2) だれかが彼に電話をしたとき, 彼はサンドイッチを食べていました。
He was eating sandwiches (when someone called / when did someone call) him.

☐ (3) 彼はオフィスに到着する前に, レストランに行きました。
(Before got / Before he got) to the office, he went to the restaurant.

☐ (4) 暗くなる前に, 家に帰りましょう。
Let's go home (before gets it / before it gets) dark.

☐ (5) 電車が駅を出たあとに, 彼はそこに到着しました。
(After the train left / After did the train left) the station, he got there.

Q2 次の日本文に合うように, (　　)内の語句を並べかえなさい。　　　(6点×5＝30点)

☐ (1) 彼女が駅に到着したとき, 雨が降り始めました。
(arrived / when / at / she / the station), it began to rain.

_____, it began to rain.

118

☐ (2) ニックが彼女に電話をしたとき，彼女はケーキを作っているところでした。
She was making a cake (her / Nick / when / called).

She was making a cake _____.

☐ (3) 彼は電車に乗る前に，何か食べたいと思いました。
(the / got on / he / train / before), he wanted to eat something.

_____, he wanted to eat something.

☐ (4) 私たちがオフィスを出る前に，この問題について話し合いましょう。
Let's talk about this problem (before / the / leave / office / we).

Let's talk about this problem _____.

☐ (5) 彼の母親が部屋から出て行ったあと，彼は再び本を読み始めました。
(out of / his mother / after / went / the room), he began to read a book again.

_____, he began to read a book again.

Q3 次の日本文を英語に直しなさい。　　　　　　　　　　（10点×5＝50点）

☐ (1) 電車が駅に到着し（arrive）たとき，雨が降り始めました。

_____

☐ (2) 彼女が夕食を食べ終えたとき，彼女の夫が帰宅しました。

_____

☐ (3) 彼は宿題をする前に，ふろに入りました。

_____

☐ (4) 私の父は家を出る前に，新聞を読みます。

_____

☐ (5) 私の父は書類をチェック（check the documents）したあと，オフィスを出ました。

_____

119

セクション 56 接続詞 that

that には接続詞の働きもあり，〈… that ＋主語＋動詞 ～〉というカタマリで，「(主語が)〜することを…」という意味になります。that の前の … には，think（考える），believe（信じる），hope（望む）のような「思考系」の動詞や，say，tell などの「発言系」の動詞が主に使われます。この用法の that は特に意味を持っているわけではないので，しばしば省略されます。

I think (that) he is very kind to elderly people.
（私は，彼はお年寄りにとても親切だと思います）

Dennis said (that) he wanted to study abroad.
（デニスは海外留学をしたいと言いました）

Q1 次の文の（　）内の正しいほうを選び，○で囲みなさい。 (4点×5＝20点)

(1) 私たちは地球は丸いということを知っています。
We know (that the earth is / that is the earth) round.

(2) 彼らは，そのチームは次の試合に敗れるだろうと言っています。
They say (that will the team lose / that the team will lose) the next game.

(3) 人々は，世界はすぐに変わるだろうと思っています。
People think (that the world will change / that will the world change) soon.

(4) 彼が私たちにうそをついたと信じている人もいます。
Some people believe (he told / did he tell) a lie to us.

(5) 私は，彼女がパーティーに来ることを望んでいます。
I hope (will she come / she will come) to the party.

Q2 次の日本文に合うように，（ ）内の語句を並べかえなさい。 （6点×5＝30点）

□ (1) 私たちは，１週間が７日あるということを知っています。
We know (seven days / that / a week / has).

We know _____.

□ (2) 彼らは，そのチームは次の試合に勝利するだろうと言っています。
They say (will / that / the team / the next game / win).

They say _____.

□ (3) 人々は，テクノロジーが世界を変えるだろうと思っています。
People think (change / that / technology / the world / will).

People think _____.

□ (4) 科学者の中には，その新しい発見はとても役に立つと信じている人もいます。
Some scientists believe (very / are / the new findings / useful).

Some scientists believe _____.

□ (5) 私は，私の息子が試験に合格することを望んでいます。
I hope (the / will / my son / test / pass).

I hope _____.

Q3 次の日本文を英語に直しなさい。 （10点×5＝50点）

□ (1) 私は地球が丸いということを知っています。

_____

□ (2) 彼女は自分の夢がかなう（come true）と思っています。

_____

□ (3) 彼らは，私たちのチームが次の試合に勝つことを信じています。

_____

□ (4) 私は彼がうそをついたと思っています。

_____

□ (5) その科学者たちは，その結果（result）は重要であると考えています。

_____

121

セクション57 前置詞 ①

名詞やそれに相当する語句の前に置く前置詞は，**in** the morning（朝［午前］に），**in** the afternoon（午後に），**in** the evening（夕方に），**at** night（夜に）のように時を表す意味のカタマリを作ります。時を表す代表的な前置詞には以下のものがあります。

時刻	**at**	～に	期限	**by**	～までに
曜日，日	**on**	～に	継続	**until**	～まで
週，月，年	**in**	～に	不特定の期間	**for**	～の間
			特定の期間	**during**	～の間

注）**during** は夏休み（summer vacation）など特定の期間に使い，**for** は three years（3年）のような期間の長さを表す語句とともに使います。

Q1 次の文の（　）内の正しいほうを選び，○で囲みなさい。 （4点×5＝20点）

(1) その店は5時に閉店します。
   The shop is closed (at / until) five.

(2) 私の父は3か月間，東京に住んでいました。
   My father lived in Tokyo (for / in) three months.

(3) 11時までに帰ってきてください。
   Please come back (in / by) 11 o'clock.

(4) 彼女は授業の間，先生の話を聞いていました。
   She was listening to her teacher (during / by) class.

(5) 彼女は3月20日に生まれました。
   She was born (in / on) March 20.

Q2 次の日本文に合うように，（   ）内の語句を並べかえなさい。 （6点×5＝30点）

☐ (1) 彼女はコンサートの間，立っていました。
She (standing / was / the / concert / during).

She _____.

☐ (2) 私の母親は8月に生まれました。
My mother (born / was / in / August).

My mother _____.

☐ (3) 彼は，夕方5時までに帰宅しなければなりません。
He (five / home / go / has / to / by) in the evening.

He _____ in the evening.

☐ (4) 私たちは5日間，このホテルに滞在しました。
We (five days / this / hotel / stayed / at / for).

We _____.

☐ (5) 私たちの学校は4月に始まります。
(begins / in / school / April / our).

_____.

Q3 次の日本文を英語に直しなさい。 （10点×5＝50点）

☐ (1) 私たちの学校は9時から始まります。

_____

☐ (2) 彼女は3日間，東京に滞在しました。

_____

☐ (3) あなたはクリスマス（Christmas）の間，何をする予定ですか。

_____

☐ (4) 私は11月20日に生まれました。

_____

☐ (5) 今朝私は7時に出かけ（leave）なければなりません。

_____

セクション 58 前置詞 ②

前置詞は時だけでなく，go **to** the station（駅に行く），live **in** Tokyo（東京に住む）のように，場所を表す意味のカタマリも作ります。場所を表す前置詞には以下のようなものがあります。

in	〜で，〜に	to	〜へ，〜に
at	〜で，〜に	for	〜に向かって
on	〜の上に，〜に接触して	from	〜から
over	〜の頭上に		

Q1 次の文の（　）内の正しいほうを選び，○で囲みなさい。　　（4点×5＝20点）

☐ (1) 壁にカレンダーがかかっています。
　　　There is a calendar (on / from) the wall.

☐ (2) 山の頭上にたくさん雲があります。
　　　There are a lot of clouds (over / in) the mountains.

☐ (3) 彼は昨日，京都に向かって出発しました。
　　　He left (for / from) Kyoto yesterday.

☐ (4) ここから郵便局まで，どれくらいの距離ですか。
　　　How far is it (from / over) here (for / to) the post office?

☐ (5) 日本はアジアの東部にあります。
　　　Japan is (in / over) the east of Asia.

Q2 次の日本文に合うように，（　　）内の語句を並べかえなさい。 （6点×5＝30点）

☐ (1) 彼は中国出身です。
(comes / China / from / he).

_____.

☐ (2) 彼はかさをさして歩いていました。
(he / walking / over / with an umbrella / his head / was).

_____.

☐ (3) 壁に大きなポスターが貼ってありました。
(was / on / a / poster / large / there) the wall.

_____ the wall.

☐ (4) 彼は毎朝，歩いて通学します。
(he / to / walks / school) every morning.

_____ every morning.

☐ (5) 私の父と私は，数分前に駅に到着しました。
(station / father and / arrived / at / I / my / the) a few minutes ago.

_____ a few minutes ago.

Q3 次の日本文を英語に直しなさい。 （10点×5＝50点）

☐ (1) 東京から大阪までどれくらいの距離ですか。

_____

☐ (2) 天井（the ceiling）にハエ（a fly）がいます。

_____

☐ (3) 私の両親は今朝，香港（Hong Kong）に到着し（arrive in）ました。

_____

☐ (4) その電車は東京方面に出発しました。

_____

☐ (5) ニューヨーク（New York）はアメリカ（America）の東部にあります。

_____

形容詞

形容詞は名詞の様子を説明する語です。英語では形容詞が置かれる場所は主に2つあり，1つはbe動詞の後ろ，もう1つは名詞の前です。文の形としては，〈主語＋be動詞＋形容詞．〉と〈主語＋動詞＋a[an]＋形容詞＋名詞．〉になります。

This question **is easy**.（この質問はやさしいです）
This is an **easy question**.（これはやさしい質問です）

Q1 （　）の形容詞を適切なところに入れて文を完成させなさい。 （4点×5＝20点）

(1) 彼女は幸せでした。（happy）
She was.　→ _____

(2) 彼の母親は悲しんでいます。（sad）
Her mother is.　→ _____

(3) これらの美しい花を見てください。（beautiful）
Look at these flowers.　→ _____

(4) ジョンは親切な少年です。（kind）
John is a boy.　→ _____

(5) 私たちの先生はとても親しみやすいです。（friendly）
Our teacher is very.　→ _____

Q2 次の日本文に合うように，（　）内の語を並べかえなさい。 （6点×5＝30点）

(1) 彼女は悲しい話を聞きました。
(heard / she / a / story / sad).
_____.

(2) これらはとても美しい石です。
(these / very / stones / are / beautiful).
_____.

126

☐ (3) 彼は親切な男性です。
(is / a / he / man / kind).

_____.

☐ (4) どうぞ気をつけてください。
(careful / , / be / please).

_____.

☐ (5) 彼女の母親はとても親しみやすい女性です。
(very / mother / friendly / her / is / woman / a).

_____.

Q3 次の日本文を英語に直しなさい。 （10点×5＝50点）

☐ (1) この本は役に立ちました。

_____

☐ (2) 私たちは昨晩，悲しい話を聞きました。

_____

☐ (3) 彼はとても注意深い（careful）男性です。

_____

☐ (4) 私たちの先生はとても親しみやすいです。

_____

☐ (5) これは簡単な質問ではありません。

_____

ポイント　形容詞をともなう一般動詞

形容詞はふつう be 動詞の後ろに置かれますが，一般動詞の後ろに置くこともあります。
① **become / get**（～になる）
　　My shoes **became old**. （私のくつは古くなりました）
　　She **got angry**. （彼女は怒りました）
② **sound**（～に聞こえる，～に思える）/ **look**（～に見える）
　　His idea **sounds interesting**. （彼の考えはおもしろそうに思えます）

127

セクション 60 副詞

副詞は主に動詞を説明する品詞と覚えておきましょう。たとえば，talk「話す」という動詞に slowly（ゆっくり）という副詞を続けると，talk slowly「ゆっくり話す」という意味になります。

He talks slowly. （彼はゆっくり話します）

副詞には，形容詞の語尾に **ly** をつけることで作れるものがたくさんあります。

形容詞		副詞	
slow	ゆっくりとした	**slowly**	ゆっくり
careful	注意深い	**carefully**	注意深く
happy	幸せな	**happily**	幸せに
easy	簡単な	**easily**	簡単に

Q1 次の文の（　）内の正しいほうを選び，○で囲みなさい。 （4点×5＝20点）

(1) 彼女はとてもゆっくり英語を話します。
She speaks English very (slow / slowly).

(2) 私の父は簡単にその問題に答えることができました。
My father was able to answer the problem (easily / easy).

(3) ジミーは注意して車を運転しました。
Jimmy drove a car (careful / carefully).

(4) 彼女は幸せそうにそれらの写真を見ていました。
She was looking at those pictures (happily / happy).

(5) ナンシーは悲しそうにその手紙を読んでいるところです。
Nancy is reading a letter (sad / sadly).

Q2 次の日本文に合うように，（　）内の語句を並べかえなさい。 （6点×5＝30点）

(1) 私たちは明日の朝，早く起きなければなりません。
(to / have / get / we / up / early) tomorrow morning.

_____ tomorrow morning.

☐ (2) 少しゆっくり話してください。
(speak / please / a little / slowly).

_____.

☐ (3) その鳥はとても速く飛ぶことができます。
(can / fast / very / fly / bird / the).

_____.

☐ (4) 彼女は注意してそれらの質問に答えました。
(she / carefully / answered / questions / those).

_____.

☐ (5) 私の祖母は悲しそうにその絵を見ていました。
(looking / grandmother / was / sadly / my / at / picture / the).

_____.

Q3 次の日本文を英語に直しなさい。 （10点×5＝50点）

☐ (1) その女性はとてもゆっくり英語を話しました。

_____

☐ (2) サイモン（Simon）は注意してその箱を開けました。

_____

☐ (3) 彼は幸せそうにその手紙を読んでいるところです。

_____

☐ (4) 私の父は速く走ることができます。

_____

☐ (5) 私は明日の朝，早く起きなければなりません。

_____

ポイント　頻度を表す副詞

always（いつも），usually（ふつうは），often（しばしば），sometimes（ときどき）のような「頻度を表す副詞」はふつう，**be 動詞や助動詞の後ろ**，または**一般動詞の前**に置かれます。

She is **sometimes** late for school.（彼女はときどき，学校に遅刻します）
He **usually** goes to bed at 9.（彼はふつう，9時に寝ます）

セクション 61

比較：原級の as ～ as

学習日 ◯月 ◯日　制限時間 **30**分　答え→別冊 p.21　　　／100点

2つのものや2人を比べて，それらの性質や状態が同じ程度であることを表すときに，**A ... as ～ as B.**（A は B と同じくらい～です）を使います。「～」の部分には形容詞や副詞をそのままの形（原級）で入れます。

　　Yumi is **as busy as** Rika.　（ユミはリカと同じぐらい忙しいです）
　　Kenji can swim **as fast as** Jun.　（ケンジはジュンと同じくらい速く泳ぐことができます）

また，この文を否定文にした **A ... not as ～ as B.** は（A は B ほど～ません）という意味になります。

　　Yumi is **not as busy as** Rika.　（ユミはリカほど忙しくありません）
　　Kenji **cannot** swim **as fast as** Jun.　（ケンジはジュンほど速く泳ぐことができません）

Q1 次の文の（　）内の正しいほうを選び，◯で囲みなさい。　　（4点×5 = 20点）

□ (1) 彼はトムと同じくらいの年齢です。
　　He is as old (as Tom / Tom is).

□ (2) 私はその男性と同じくらい忙しかったです。
　　I was as busy (as the man / the man was).

□ (3) 彼女は，彼女のお母さんと同じくらい美しく見えます。
　　She looks as beautiful (her mother / as her mother).

□ (4) 彼女は，あなたと同じくらいゆっくり英語を話しました。
　　She spoke English as slowly (as her / as you).

□ (5) 彼女はあなたほどの背の高さではありません。
　　She (is / isn't) as tall as you.

Q2 次の日本文に合うように，（　）内の語を並べかえなさい。　　（6点×5 = 30点）

□ (1) 彼はトムと同じくらいの背の高さです。
　　(is / he / tall / as / as) Tom.

　　_____ Tom.

130

□ (2) その男性はあなたと同じくらい親切でした。
(man / the / as / was / kind / as / you).

_____.

□ (3) あなたは，あなたのお父さんと同じくらい忙しそうに見えます。
(your / as / look / you / busy / as / father).

_____.

□ (4) 私の母は，有名なアスリートと同じくらい速く泳ぐことができます。
(mother / can / my / fast / swim / as / as) the famous athlete.

_____ the famous athlete.

□ (5) 彼女は，あなたほど上手に英語を話すことはできません。
(as / can't / she / English / speak / well) as you.

_____ as you.

Q3 次の日本文を英語に直しなさい。 (10点×5＝50点)

□ (1) 彼は私の兄と同じくらいの年齢です。

_____

□ (2) 私は，私のマネージャー（manager）と同じくらい忙しかったです。

_____

□ (3) 彼女のネコは，私のネコと同じくらいかわい（pretty）かったです。

_____

□ (4) 彼女は，あなたと同じくらい上手に英語を話すことができます。

_____

□ (5) 私はあなたほどの背の高さではありません。

_____

ポイント not so ～ as

　as ～ as が否定文で使われた場合，1つめの as の代わりに so を使うことがあります。どちらも意味は同じです。

　　He **isn't so** busy **as** you. （彼はあなたほど忙しくありません）

131

セクション 62 比較級 ①

学習日 ◯ 月 ◯ 日　**制限時間 30 分**　答え→別冊 p.21　／100点

2つのものや2人の性質・状態を比べて，「AはBより～」を表すには，〈 *A* ... ＋ 形容詞・副詞の比較級 ＋ than *B*〉を使います。**比較級というのは，形容詞や副詞の語尾に -er を つけた形です。**そして，「～より」には than ～ という表現を使います。

He is taller than his father.　（彼は父親より背が高いです）

比較級の作り方をまとめておきます。

作り方	原級	比較級
① -er をつける	hard	hard**er**
② 発音しない e で終わる語には -r	nice	nice**r**
③ 〈子音字＋y〉で終わる語は，y を i に変えて -er	busy	bus**ier**
④ 〈短母音＋子音字〉で終わる語は，子音字を重ねて -er	big	big**ger**

Q1 次の文の（　　）内の正しいほうを選び，◯で囲みなさい。

（4点×5＝20点）

□ (1) その男性はケリーよりも背が高いです。
The man is (tall / taller) than Kelly.

□ (2) このペンはあのペンよりも長いです。
This pen is (long / longer) than that one.

□ (3) その会社員は私の父よりも裕福になりました。
The office worker became (richer / rich) than my father.

□ (4) その国は日本よりも大きいです。
The country is (larger / very large) than Japan.

□ (5) その女性は，私の母よりも忙しそうに見えます。
The woman looks (busier / very busy) than my mother.

Q2 次の日本文に合うように，（　　　）内の語句を並べかえなさい。　(6点×5＝30点)

□ (1) この鉛筆はあの鉛筆よりも長いです。
This pencil (that one / longer / is / than).

This pencil _____.

□ (2) その国は私たちの国よりも大きかったです。
The country (larger / than / country / was / our).

The country _____.

□ (3) その地図はこの地図よりも大きいです。
(map / bigger / than / the / this one / is).

_____.

□ (4) その男性は私の姉よりも忙しかったです。
(was / man / busier / the / than) my sister.

_____ my sister.

□ (5) その女性はあなたより幸せそうに見えます。
(happier / woman / looks / the / than / you).

_____.

Q3 次の日本文を英語に直しなさい。　(10点×5＝50点)

□ (1) この机はあの机よりも安いです。

_____

□ (2) 彼女はあなたよりも親切でした。

_____

□ (3) 私の父は私の母よりも若いです。

_____

□ (4) この学校は私たちの学校よりも大きいです。

_____

□ (5) この男の子はあの女の子より忙しそうに見えます。

_____

133

セクション 63 比較級 ②

interesting（おもしろい），difficult（難しい），famous（有名な），beautiful（美しい）のような，音節が2つの語の大部分と3音節以上の語，-lyで終わる副詞（earlyは例外）は，語尾に -er をつけるのではなく，more interesting や more difficult，more slowly のように，原級の前に more を置きます。

That singer is **more famous** than this singer.

（あの歌手はこの歌手より有名です）

Q1 次の文の（　）内の正しいほうを選び，◯で囲みなさい。 （4点×5＝20点）

(1) そのコメディアンはあのコメディアンより有名でした。
The comedian was (more famous / famous) than that one.

(2) そのコンピューターはあのコンピューターより役に立ちます。
The computer is (useful / more useful) than that one.

(3) それらの問題はこれらの問題よりも難しかったです。
Those problems were (more difficult / difficult) than these ones.

(4) そのマンガ本はあのマンガ本よりもおもしろいです。
The comic book is (very interesting / more interesting) than that one.

(5) その新しい機械は古い機械よりも高価です。
The new machine is (more expensive / very expensive) than the old one.

Q2 次の日本文に合うように，（　　）内の語句を並べかえなさい。　　　（6点×5＝30点）

□ (1) その選手はあの選手より人気がありました。
(player / the / more / popular / was) than that one.

_____ than that one.

□ (2) そのコンピューターは，彼のものより高価です。
(computer / more / is / expensive / the) than his.

_____ than his.

□ (3) その問題はこの問題よりも難しかったです。
(was / problem / difficult / the / than this one / more).

_____ .

□ (4) その雑誌はあの雑誌よりもおもしろいですか。
(than that one / more / magazine / interesting / the / is)?

_____ ?

□ (5) その新しい機械は古い機械よりも強力であるように見えます。
(new machine / looks more / the / powerful / than the old one).

_____ .

Q3 次の日本文を英語に直しなさい。　　　（10点×5＝50点）

□ (1) この歌はあの歌よりも人気がありました。

_____

□ (2) この問題はあの問題よりも難しく見えました。

_____

□ (3) この機械は古い機械よりも高価です。

_____

□ (4) その選手はあの選手よりも有名になりました。

_____

□ (5) この小説（novel）はあの小説よりもおもしろいですか。

_____

セクション 64 比較級 ③

比較級になるとき，不規則な形に変化する形容詞や副詞があります。たとえば，形容詞の good（よい）や副詞の well（上手に）の比較級は **better** となります。また，bad（悪い）の比較級は **worse** になります。

The machine is **good**.（その機械は優れています）

The machine is **better** than that one.（その機械はあの機械よりも優れています）

She can play soccer **well**.（彼女は上手にサッカーをすることができます）

She can play soccer **better** than my brother.
（彼女は私の兄より上手にサッカーをすることができます）

 次の文の（　）内の正しいほうを選び，○で囲みなさい。　（4点×5 = 20点）

□ (1) このケーキはあのケーキよりもおいしいです。
　　This cake is (better / good) than that one.

□ (2) 今日の試合は昨日のよりもよかったです。
　　Today's game was (good / better) than yesterday's one.

□ (3) 彼は，ジルよりも上手にギターを弾くことができます。
　　He can play the guitar (well / better) than Jill.

□ (4) この機械はあの機械よりも質が悪かったです。
　　This machine was (worse / bad) than that one.

□ (5) 彼の状況は，彼女よりも悪そうに見えます。
　　His situation looks (bad / worse) than hers.

Q2 次の日本文に合うように，（　　）内の語句を並べかえなさい。　（6点×5＝30点）

☐ (1) このプログラムはあのプログラムよりもよかったです。
(program / was / this / better) than that one.

_____ than that one.

☐ (2) 昨晩の試合は今日の試合よりもよかったです。
(better / game last night / the / was) than today's one.

_____ than today's one.

☐ (3) 私は，私の兄よりもギターを上手に弾くことができます。
(the guitar / I / can / play / better) than my brother.

_____ than my brother.

☐ (4) この機械はあの機械よりも質が悪かったです。
(was / machine / this / worse) than that one.

_____ than that one.

☐ (5) 彼の状況は私のよりも悪く見えます。
(situation / his / worse / looks) than mine.

_____ than mine.

Q3 次の日本文を英語に直しなさい。　（10点×5＝50点）

☐ (1) 彼の点数（his score）は私のよりもよかったです。

_____

☐ (2) 彼は，私のおばよりも上手に英語を話すことができます。

_____

☐ (3) 私の母は，父よりも上手に料理をすることができます。

_____

☐ (4) このコンピューターは，あのコンピューターよりも質が悪いです。

_____

☐ (5) 今日の試合は昨日のよりも悪かったです。

_____

セクション 65 最上級 ①

3つ以上のものや3人以上を比べて,「Aは~の中でいちばん…」と言うときには,〈A ... the + 形容詞・副詞の最上級 + of[in] ~ .〉とします。最上級は,形容詞や副詞の原形に -est をつけます。そして,形容詞の最上級の前にはふつう the を置きます。

Junko is young.(ジュンコは若いです)
↓
Junko is the youngest.(ジュンコはいちばん若いです)

そしてこのあとに,「家族の中で」や「クラスの中で」のような比較の範囲を続けます。

Junko is the youngest in her family.(ジュンコは家族の中でいちばん若いです)

比較の範囲に「3人の中」のような複数のものが続く場合は,in ではなく of を使います。

Junko is the youngest of the three.(ジュンコは3人の中でいちばん若いです)

Q1 次の文の( )内の正しいほうを選び,◯で囲みなさい。 (4点×5=20点)

(1) 富士山は日本でいちばん高い山です。
Mt. Fuji is the (higher / highest) mountain in Japan.

(2) 彼女はすべての学生の中で最も賢い女の子です。
She is the (brightest / brighter) girl of all the students.

(3) 私の先生は,すべての先生の中で最も忙しかったです。
My teacher was the (busiest / busy) of all the teachers.

(4) 彼女はこのクラスの中で最年少でした。
She was the (youngest / younger) in this class.

(5) トムは,私のクラスで最も速く走ることができます。
Tom can run the (fastest / faster) in my class.

Q2 次の日本文に合うように,( )内の語句を並べかえなさい。 (6点×5=30点)

(1) ナイル川は世界でいちばん長い川です。
(is / the Nile / longest / the / river) in the world.

_____ in the world.

- (2) 彼女は，すべての女の子の中で最も背が高いです。
(the / she / tallest / is) of all the girls.
_____ of all the girls.

- (3) その都市の人口はアメリカで最も多いです。
(is / the population / of the city / largest / the) in America.
_____ in America.

- (4) その選手は，そのチームの中で最も強そうに見えます。
(player / the / looks / strongest / the) on the team.
_____ on the team.

- (5) 私の母は，私の家族の中で最も早く起きます。
(gets up / my / the / mother / earliest) in my family.
_____ in my family.

Q3 次の日本文を英語に直しなさい。 (10点×5＝50点)

- (1) 彼女はこのクラスの中でいちばん賢い女の子です。
_____

- (2) 私の父はオフィスでいちばん忙しそうに見えました。
_____

- (3) 東京は日本で最も大きな都市です。
_____

- (4) 私の父は私の家族の中で最も早く起きます。
_____

- (5) ピーター (Peter) は私の学校の中で最も速く走ることができます。
_____

ポイント -est の付け方のルール

作り方	原級	最上級
① -est をつける	tall	tallest
② 発音しない e で終わる語には -st	nice	nicest
③ 〈子音字＋y〉で終わる語は，y を i に変えて -est	busy	busiest
④ 〈短母音＋子音字〉で終わる語は，子音字を重ねて -est	big	biggest

139

セクション 66 最上級 ②

famous（有名な），popular（人気のある）のように，母音字（a, e, i, o, u）が3つ以上含まれるような単語は，語尾に est をつけるのではなく，**the most famous** や **the most popular** のように **the most** を原級の前に置いて最上級を作ります。

This is the most popular of all the songs.

（これは，すべての歌の中で最も人気です）

Q1 次の文の（　）内の正しいほうを選び，○で囲みなさい。

（4点×5＝20点）

(1) そのコメディアンは，日本で最も有名でした。
The comedian was the (most famous / more famous) in Japan.

(2) そのコンピューターは，すべての中で最も役に立つように見えます。
The computer looks the (more useful / most useful) of all.

(3) この問題は，この教科書の中で最も難しいです。
This question is the (most difficult / more difficult) in this textbook.

(4) その料理は，このレストランで最も高価でした。
The dish was the (most expensive / expensive) at this restaurant.

(5) その花は，この店で最も美しく見えました。
The flower looked the (beautiful / most beautiful) in this shop.

Q2 次の日本文に合うように，（　　）内の語句を並べかえなさい。　（6点×5＝30点）

☐ (1) その男性は，全員の中で最もゆっくり英語を話しました。
(man / the / spoke / the most slowly / English) of all.

_____ of all.

☐ (2) そのコンピューターは，すべての中で最も高価です。
(the / the / computer / most / is / expensive) of all.

_____ of all.

☐ (3) その問題は，この本の中で最も難しいように見えます。
(question / looks / the / difficult / the / most) in this book.

_____ in this book.

☐ (4) その食べ物は，このレストランで最もおいしいです。
(the food / delicious / most / the / is) at this restaurant.

_____ at this restaurant.

☐ (5) その物語は，すべての中で最もおもしろかったです。
(was / the story / most / interesting / the / one) of all.

_____ of all.

Q3 次の日本文を英語に直しなさい。　（10点×5＝50点）

☐ (1) この食べ物は，このレストランで最もおいしかったです。

_____

☐ (2) この歌は，日本で最も人気のある歌です。

_____

☐ (3) 彼女は，世界で最も有名な俳優（actor）になりました。

_____

☐ (4) そのお年寄りの女性（elderly woman）は，全員の中で最もゆっくり英語を話しました。

_____

☐ (5) 彼は，クラスの中で最も簡単にその問題を解き（solve）ました。

_____

141

セクション 67 最上級 ③

比較級になるときに不規則な形に変化をした good や well, bad は、最上級になるときにも不規則に変化をします。

He can play the guitar well. （彼は上手にギターを弾くことができます）

He can play the guitar the best in his class. （彼は、クラスの中で最も上手にギターを弾くことができます）

〔不規則に変化する形容詞・副詞のまとめ〕

原級	比較級	最上級
good	better	best
well		
bad	worse	worst

Q1 次の文の（　）内の正しいほうを選び、〇で囲みなさい。 （4点×5＝20点）

(1) 彼は世界で最も上手なサッカー選手です。
He is the (best / better) soccer player in the world.

(2) この本は図書館のすべての本の中で最も優れています。
This book is the (better / best) of all the books in the library.

(3) 彼はこの国で最も上手なミュージシャンになりました。
He became the (best / better) musician in this country.

(4) これはすべての中で最悪のストーリーです。
This is the (worst / bad) story of all.

(5) この漫画本はこの店の中で最もおもしろくありません。
This comic book is the (worse / worst) in this store.

Q2 次の日本文に合うように，（　　）内の語句を並べかえなさい。 （6点×5＝30点）

□ (1) 彼はこの国で最もよい政治家です。
(he / the / is / best / politician) in this country.

_____ in this country.

□ (2) この映画はすべての映画の中で最も優れています。
(movie / this / the / is / best) of all the movies.

_____ of all the movies.

□ (3) 彼はアジアの中で最も優れたアスリートになりました。
(the / became / he / athlete / best) in Asia.

_____ in Asia.

□ (4) これは最悪のストーリーでした。
(this / the / story / was / worst).

_____.

□ (5) この新聞の記事はすべての中で最もひどいものでした。
(of this newspaper / the article / the worst one / was) of all.

_____ of all.

Q3 次の日本文を英語に直しなさい。 （10点×5＝50点）

□ (1) 彼は日本で最も優れた政治家でした。

_____

□ (2) この映画はすべての中で最もよい映画です。

_____

□ (3) 彼女は日本で最も優れた俳優です。

_____

□ (4) これはすべての中で最悪のストーリーです。

_____

□ (5) この記事はすべての中で最悪です。

_____

セクション 68 比較級・最上級の慣用表現

比較級や最上級を使った慣用的に使われる表現の中から，〈主語＋like ～ better than ...〉「主語は…よりも～が好きです」と，〈主語＋like ～ the best.〉「主語は～がいちばん好きです」という表現を練習しましょう。

I **like** music **better than** English. （私は英語よりも音楽が好きです）

I **like** music **the best of** all the subjects.
（私は，すべての科目の中で音楽がいちばん好きです）

Q1 次の文の（　）内の正しいほうを選び，○で囲みなさい。　（4点×5＝20点）

(1) 私は数学よりも英語が好きです。
I like English (better / good) than math.

(2) 私はリンゴよりもオレンジが好きです。
I like oranges (the best / better) than apples.

(3) 私たちはサッカーよりも野球が好きです。
We like baseball (very / better) than soccer.

(4) 私たちは，すべての季節の中で夏がいちばん好きです。
We like summer (the best / better) of all the seasons.

(5) 私は，すべての番組の中でこの番組がいちばん好きです。
I like this program (the best / good) of all the programs.

Q2 次の日本文に合うように，（　　）内の語句を並べかえなさい。　（6点×5＝30点）

☐ (1) 私は理科よりも日本史が好きです。

(better / like / I / Japanese history) than science.

_____ than science.

☐ (2) 私はブドウよりもバナナが好きです。

(bananas / like / I / better / than grapes).

_____ .

☐ (3) 彼らは卓球よりもテニスが好きです。

(than table tennis / like / tennis / they / better).

_____ .

☐ (4) 私たちは，すべての季節の中で冬がいちばん好きです。

(we / winter / the best / like / of all the seasons).

_____ .

☐ (5) 私は，日本のすべての都市の中で京都がいちばん好きです。

(of / Kyoto / I / the best / like / all the cities) in Japan.

_____ in Japan.

Q3 次の日本文を英語に直しなさい。　（10点×5＝50点）

☐ (1) 私は野球よりサッカーが好きです。

_____

☐ (2) 私たちは旅行（traveling）より料理（cooking）が好きです。

_____

☐ (3) 彼らは夏よりも冬が好きです。

_____

☐ (4) 私は，すべての季節の中で春がいちばん好きです。

_____

☐ (5) 私の母は，すべてのスポーツの中でテニスがいちばん好きです。

_____

確認テスト 3

学習日　●月　●日　答え → 別冊 p.23
制限時間 45分　　　／100点

出題範囲 セクション48〜68

1 次の（　）に入れるのに適当な語句を，［　］内から選びなさい。（4点×5=20点）

- (1) I like (　　　　) alone.　　　　　　　［ to traveling / to travel / travel ］
- (2) I got up (　　　　) 6:40 this morning.　　　　　　　　　［ at / in / on ］
- (3) The woman spoke English (　　　　).　　　［ slow / slower / slowly ］
- (4) Many students know (　　　　) the war ended in 1945.
　　　　　　　　　　　　　　　　　　　　　　　　［ if / that / because ］
- (5) Which do you like (　　　　), soccer or rugby?
　　　　　　　　　　　　　　　　　　　　　　　　［ better / best / good ］

2 次の文を指示に従って書きかえなさい。　　　　　　　　　（6点×5=30点）

- (1) She looks young.（than my sister を使って比較級の文に）

　_____

- (2) My friend, Tomoko, is bright.（in this class を使って最上級の文に）

　_____

- (3) The man likes to play baseball with his friends.
　　　　　　　　　　　　　　　　　（動名詞を使って同じ意味の文に）

　_____

- (4) My father usually gets up early.（as my mother を使って「同じくらい〜」の文に）

　_____

- (5) She practices a lot in order to be a professional musician.
　　　　　　　　　　　　　　　　　（so as to を使って同じ意味の文に）

　_____

146

3 次の日本文に合うように，（　　）内の語句を並べかえなさい。　(4点×5=20点)

☐ (1) 急いでください，そうしなければ，あなたは始発電車に間に合いません。
(catch / hurry up / , / can't / the first train / or / you).

_____.

☐ (2) 私は彼がここにやってくるだろうと思います。
(will / think / that / I / he / here / come).

_____.

☐ (3) 彼女は，数年後に最も有名なサッカー選手になりました。
(became / she / the / famous / several years later / soccer player / most).

_____.

☐ (4) 私はサッカーをすることよりも見ることが好きです。
(playing it / watching / soccer / I / better / like / than).

_____.

☐ (5) もし明日天気がよかったら，私は母と買い物に行く予定です。
(will go shopping / with / it / fine / tomorrow /, / if / I / my mother / is).

_____.

4 次の日本文を英語に直しなさい。　(6点×5=30点)

☐ (1) 私たちは彼女がパーティーに来ると思います。

_____

☐ (2) 彼女は 2010 年に生まれました。

_____

☐ (3) その動物はとても速く走ることができます。

_____

☐ (4) 昼食を食べる前に手を洗ってください。

_____

☐ (5) 私たちはそのニュースを聞いてとても驚きました。

_____

セクション 69 受け身［受動態］①

学習日　月　日　制限時間 30 分　答え→別冊 p.24　/ 100点

「主語が〜する」ではなく「主語が〜される」という文の形を受け身または受動態といい，〈主語＋be 動詞＋動詞の過去分詞形 〜 .〉で表します。

This song is sung. （この歌は歌われます）　＊sung は sing（歌う）の過去分詞形

そして，だれによって歌われているかを述べるときは，このあとに **by the students**（その学生たちによって）のように by 〜を続けます。行為者が明白な場合は by 〜は省きます。また，時制の区別は be 動詞で行います。

This song is sung by the students.
（この歌はその学生たちによって歌われます）

Japanese is spoken in Japan. （日本語は日本で話されています）

My house was built by my grandfather.
（私の家は祖父によって建てられました）

 1 次の文の（　）内の正しいほうを選び，○で囲みなさい。　（4点×5＝20点）

☐ (1) クリスはたくさんの女の子によって愛されています。
　　Chris (is loved / is loving) by a lot of girls.

☐ (2) その赤ちゃんは彼の父によって抱かれました。
　　The baby (is held / was held) by his father.

☐ (3) このコンピューターはたくさんの人によって使われます。
　　This computer (are used / is used) by a lot of people.

☐ (4) 英語はニュージーランドでも話されています。
　　English (speaks / is spoken) in New Zealand, too.

☐ (5) その新しいカメラは日本で作られました。
　　The new camera (was made / is made) in Japan.

Q2 次の日本文に合うように，（　　）内の語句を並べかえなさい。 (6点×5＝30点)

□ (1) この歌手は，多くの若い女の子たちによって尊敬されています。
(is / singer / this / respected) by a lot of young girls.

_____ by a lot of young girls.

□ (2) その赤ちゃんは，彼の祖母によって抱かれました。
(baby / the / held / was) by his grandmother.

_____ by his grandmother.

□ (3) このスマートフォンは，私の父によって買われました。
(by / father / smartphone / was / this / bought / my).

_____ .

□ (4) カナダでは英語とフランス語が話されています。
(spoken / English and French / are) in Canada.

_____ in Canada.

□ (5) これらの新しいスマートフォンは日本で作られました。
(Japan / smartphones / new / were / in / made / these).

_____ .

Q3 受け身を使って，次の日本文を英語に直しなさい。 (10点×5＝50点)

□ (1) この先生は多くの生徒によって尊敬されています。

_____

□ (2) この番組（program）は世界中の多くの人々によって見られています。

_____

□ (3) この歌は日本の多くの若者によって歌われています。

_____

□ (4) カナダ（Canada）では英語が話されています。

_____

□ (5) これらの製品（products）は日本で作られています。

_____

149

セクション 70 受け身②

受け身を使った文では，by ～（～によって）ではなく**別の前置詞が続く**こともあります。このセクションでは，特に，be made「作られる」と be known「知られている」に続く語句とその意味を確認しましょう。

The desk is made of wood.（その机は木で作られています）←材料が見てわかる場合
Sake **is made from rice.**（酒は米から作られます）←材料が見てわからない場合
Kyoto is known to a lot of people.（京都は多くの人々に知られています）

be known ではほかに，次のような前置詞も使われます。

Kyoto is known for its old temples.
（京都はその古いお寺で知られています）←知られている理由

Kyoto is known as a traditional place.
（京都は伝統のある場所として知られています）←主語（Kyoto）と as に続く語句（a traditional place）が＝の場合

Q1 次の文の（　）内の正しいほうを選び，○で囲みなさい。 （4点×5＝20点）

(1) その男性はたくさんの人々に知られています。
The man is known (to / as) a lot of people.

(2) 京都はその古いお寺で知られています。
Kyoto is known (for / to) its old temples.

(3) 彼は日本で最も優秀な選手として知られています。
He is known (as / by) the best player in Japan.

(4) ワインはブドウから作られます。
Wine is made (from / to) grapes.

(5) これらの机は木から作られています。
These desks are made (of / as) wood.

Q2 次の日本文に合うように，（　）内の語句を並べかえなさい。 （6点×5＝30点）

(1) その俳優は多くの人々に知られています。
The actor (known / is / a lot of / to / people).

The actor _____.

150

□ (2) 静岡はお茶と富士山で知られています。
　　 Shizuoka (for / is / its tea / known / and Mt. Fuji).

　　 Shizuoka _____ .

□ (3) そのアスリートは，韓国で最も優秀な選手として知られています。
　　 The athlete (the / is / as / player / known / best) in Korea.

　　 The athlete _____ in Korea.

□ (4) 酒は米から作られます。
　　 Sake (made / is / rice / from).

　　 Sake _____ .

□ (5) これらの本は紙で作られています。
　　 These books (made / paper / are / of).

　　 These books _____ .

Q3 次の日本文を英語に直しなさい。 (10点×5＝50点)

□ (1) この話は多くの日本人に知られています。

　　 _____

□ (2) 奈良はその古いお寺で知られています。

　　 _____

□ (3) イチロー（Ichiro）は日本で，偉大な野球選手として知られていました。

　　 _____

□ (4) チーズ（cheese）は牛乳から作られます。

　　 _____

□ (5) 多くの本は紙で作られています。

　　 _____

ポイント その他の，by を使わない受け身表現

- The mountain **is covered with** snow. （その山は雪で覆われています）
- The box **was filled with** fruits. （その箱は果物で満たされていました）
- We **were surprised at** the news. （私たちはそのニュースに驚きました）
- I **am interested in** music. （私は音楽に興味があります）

151

セクション **71**

学習日 ◯月 ◯日　制限時間 **30**分　答え→別冊 p.24　_____ / 100点

受け身③ 否定文と疑問文

受け身は be 動詞を使うので，これまで学習した be 動詞の文と同じやり方で，否定文，疑問文とその答えの文を作ります。

The cars **are used** by the workers.（その車は従業員によって使われます）

↓

否定文　The cars **are not used** by the workers.
（その車は従業員によって使われません）

疑問文　**Are** the cars **used** by the workers?（その車は従業員によって使われますか）
— **Yes**, **they are**.（はい，そうです）
— **No**,　**they are not**[**aren't**].（いいえ，そうではありません）

Q1 次の文の（　　）内の正しいほうを選び，◯で囲みなさい。　　　（4点×5＝20点）

□ (1) 日本では英語は話されていません。
English (is not spoken / is not speaking) in Japan.

□ (2) これらのコンピューターはこの会社では使われませんでした。
These computers (were not used / were not using) in this company.

□ (3) このクラスではフランス語は生徒に教えられますか。— はい，そうです。
(Is French teach / Is French taught) to the students in this class?
— Yes, it is.

□ (4) それらのテーブルはイタリアで作られましたか。— いいえ，そうではありません。
(Were those tables made / Was those tables made) in Italy?
— No, they were not.

□ (5) この本はその店で売られていましたか。— いいえ，そうではありません。
(Was this book sold / Were this book sold) at the store?
— No, it wasn't.

152

Q2 次の日本文に合うように，（　　）内の語句を並べかえなさい。　　(6点×5＝30点)

☐ (1) 日本語はヨーロッパで話されません。
(is / spoken / Japanese / not) in Europe.

_____ in Europe.

☐ (2) これらの本は日本で売られませんでした。
(these / not / books / were / sold) in Japan.

_____ in Japan.

☐ (3) そのクラスで，ドイツ語は生徒たちに教えられますか。― はい，そうです。
(Germany / to / taught / the students / is) in the class? ― (is / yes / , / it).

_____ in the class? ― _____.

☐ (4) それらのいすはマレーシアで作られましたか。― いいえ，そうではありませんでした。
(were / chairs / made / those) in Malaysia? ― (no / weren't / , / they).

_____ in Malaysia? ― _____.

☐ (5) この小説は多くの人々によって読まれましたか。― はい，そうでした。
(people / this / novel / read / was / a lot of / by)? ― (was / yes / , / it).

_____? ― _____.

Q3 次の日本文を英語に直しなさい。　　(10点×5＝50点)

☐ (1) 中国語は日本では話されません。

_____

☐ (2) これらのコンピューターは日本で作られますか。

_____

☐ (3) カナダ（Canada）ではフランス語と英語が話されますか。

_____

☐ (4) 京都はその古いお寺で知られていますか。

_____

☐ (5) この本は今，ヨーロッパ（Europe）では売られていません。

_____

153

セクション 72 現在完了形① 経験用法

現在完了形は、過去の出来事や状況を現在の状況に関連づけて述べる表現で、〈have[has]＋動詞の過去分詞形〉で表します。現在完了形の用法は3種類ありますが、このセクションではその中の1つである「経験用法」(〜したことがある)について学習します。この用法は文末などによく、before (以前に)、once (1度, 1回)、twice (2回)、〜 times (〜回)のような語句が使われるのが特徴です。

I **have read** the novel **before**. （私は以前、その小説を読んだことがあります）
He **has visited** Brazil **twice**. （彼はブラジルを2回訪問したことがあります）

Q1 次の文の(　)内の正しいほうを選び、〇で囲みなさい。 (4点×5＝20点)

(1) 私は以前、このコンピューターを使ったことがあります。
I (have used / have use) this computer before.

(2) 彼はオーストラリアを2回訪問したことがあります。
He (have visited / has visited) Australia twice.

(3) 私たちは1度、その有名なコメディアンに会ったことがあります。
We (have met / have meeting) the famous comedian once.

(4) 私は以前、小説を書いたことがあります。
I (have written / have wrote) a novel before.

(5) 彼女は何回も、多くの学生たちに日本史を教えたことがあります。
She (has taught / has teach) Japanese history to a lot of students many times.

Q2 次の日本文に合うように，（　　）内の語句を並べかえなさい。　　(6点×5＝30点)

□ (1) 私は以前，この雑誌を読んだことがあります。
(this / have / I / read / magazine) before.

_____ before.

□ (2) 彼は3回，ニュージーランドを訪れたことがあります。
(three times / has / visited / New Zealand / he).

_____ .

□ (3) 私たちは1度，その有名なデザイナーを見かけたことがあります。
(designer / have / the / famous / once / seen / we).

_____ .

□ (4) 私は，何回も祖父に手紙を書いたことがあります。
(to / written / letters / I / my grandfather / many times / have).

_____ .

□ (5) 彼女は以前，日本史を学んだことがあります。
(has / before / learned / Japanese history / she).

_____ .

Q3 次の日本文を英語に直しなさい。　　(10点×5＝50点)

□ (1) 私は以前，この本を読んだことがあります。

_____

□ (2) 彼女は3回，沖縄を訪れたことがあります。

_____

□ (3) 私たちは1度，その人気のあるアスリート（athlete）を見かけたことがあります。

_____

□ (4) 私の兄は以前，小説を1つ書いたことがあります。

_____

□ (5) 私は何回も，英語を日本人学生に教えたことがあります。

_____

セクション 73

学習日 ◯月 ◯日　制限時間 **30**分　答え→別冊 p.25　　／ 100点

現在完了形②
完了・結果用法

現在完了形の2つめの用法は「完了・結果用法」（〜してしまった）で，**ある動作が現在までに完了していることや，完了したその動作が現在に及ぼしている結果を述べる用法**です。文の形は経験用法と同じく〈have[has]＋動詞の過去分詞形〉ですが，完了・結果用法では，have と過去分詞の間に already（もう，すでに）や just（ちょうど）という副詞がよく置かれます。

I **have already finished** the work. （私はその仕事をもう終えてしまいました）

The bus **has just left** the bus stop. （そのバスは，ちょうどバス停を出ました）

Q 1 次の文の（　　）内の正しいほうを選び，◯で囲みなさい。 （4点×5＝20点）

☐ (1) そのバスはすでにバス停を出てしまいました。
The bus (has already left / has already leave) the bus stop.

☐ (2) 私の母はちょうどオフィスを出たところです。
My mother (has just go / has just gone) out of the office.

☐ (3) これらの男性は自分たちの仕事をすでに終えています。
These men (have already finished / have already finish) their tasks.

☐ (4) その女性はその小説をちょうど読んだところです。
The woman (has just read / have just read) the novel.

☐ (5) 彼の祖母はすでにそのテレビ番組を見ました。
His grandmother (have already watch / has already watched) the TV program.

Q2 次の日本文に合うように，（　）内の語句を並べかえなさい。 (6点×5＝30点)

☐ (1) その電車はもう東京駅に到着しています。
(train / the / has / arrived / already) at Tokyo Station.

_____ at Tokyo Station.

☐ (2) 私の兄はちょうどその仕事を終えたところです。
(just / has / brother / my / finished / the work).

_____.

☐ (3) これらの学生はもう宿題をやり終えました。
(have / these students / already / their homework / finished).

_____.

☐ (4) その会社員はちょうど新聞を読んだところです。
(newspaper / office worker / has / the / just / the / read).

_____.

☐ (5) 彼のお母さんはもうふろ場を掃除してしまいました。
(mother / his / has / cleaned / bathroom / already / the).

_____.

Q3 次の日本文を英語に直しなさい。 (10点×5＝50点)

☐ (1) その電車はちょうど駅を出てしまいました。

_____

☐ (2) 私の妻はちょうど昼食を終えたところです。

_____

☐ (3) その生徒はもう宿題を終えてしまいました。

_____

☐ (4) 私はもうその本を読んでしまいました。

_____

☐ (5) 私の父はちょうどふろ場を洗ったところです。

_____

セクション 74 現在完了形③ 継続用法

現在完了形の3つめの用法は「継続用法」（ずっと〜している）で、**過去のある時点で始まった状態が現在までずっと続いていることを表します。**文の形はほかの用法と同じく、〈have [has] ＋動詞の過去分詞形〉ですが、この用法では文末によく、for 〜（〜の間）や since 〜（〜以来）といった語が使われます。

My parents **have lived** in Nara **for** 20 years.
（私の両親は20年間、奈良に住んでいます）

He **has been busy since** last week. （彼は先週以来、忙しくしています）

Q1 次の文の（　）内の正しいほうを選び、○で囲みなさい。 （4点×5＝20点）

(1) 私たちは15年間、日本に住んでいます。
We (have lived / has lived) in Japan for 15 years.

(2) 彼らは先月から、3匹の犬を飼っています。
They (have had / have having) three dogs since last month.

(3) 私たちは昨年以来の知り合いです。
We (have know / have known) each other since last year.

(4) 私の姉は2015年以来、その会社で働いています。
My sister (has worked / has working) for the company since 2015.

(5) 彼は1週間、インドに滞在しています。
He (has been in / has be in) India for a week.

Q2 次の日本文に合うように、（　）内の語句を並べかえなさい。 （6点×5＝30点）

(1) その旅行者たちは1週間、千葉に滞在しています。
(have / tourists / stayed / the) in Chiba for a week.

_____ in Chiba for a week.

☐ (2) その家族は長い間，この車を所有しています。
(family / the / had / this car / has) for a long time.

_____ for a long time.

☐ (3) その男性は 5 年以上タイに住んでいます。
(lived / the man / in Thailand / for more than / has) five years.

_____ five years.

☐ (4) タカシとケンは 2010 年以来の知り合いです。
(since 2010 / Takashi and Ken / known / have / each other).

_____.

☐ (5) その従業員たちは 2015 年以来，日本で働いています。
(in Japan / workers / the / have / since / worked) 2015.

_____ 2015.

Q3 次の日本文を英語に直しなさい。 (10点×5 = 50点)

☐ (1) 私たちはこの国に 20 年住んでいます。

_____

☐ (2) 私は犬を飼い（keep）始めて 3 年になります。

_____

☐ (3) ケント（Kent）とジェシー（Jessie）は，知り合って 2 年以上になります。

_____

☐ (4) 私の父は 2018 年からこの会社で働いています。

_____

☐ (5) 私は長い間，ケイティー（Katie）のことを愛しています。

_____

ポイント have been in / have been to / have gone to の区別

They **have been in** Paris for three years. （彼らは 3 年間，パリにいます＝**継続**）
They **have been to** Paris before. （彼らは以前，パリに行ったことがあります＝**経験**）
They **have gone to** Paris. （彼らはパリに行ってしまいました＝**完了**）

セクション 75 現在完了進行形

前のセクションで学んだ継続用法では，know などの「状態を表す動詞」が使われますが，「ずっと走り続けている」「ずっと勉強し続けている」のように**動作の継続を表すときには**〈have[has] been + 動詞の ing 形〉が使われます。この形を「現在完了進行形」といい，動作の継続をより強く表現することができます。have，know などの状態を表す動詞は，ふつう，この現在完了進行形には使いません。

[動作を表す動詞] He **has been studying** at this library for more than nine hours.　（彼は9時間以上，図書館でずっと勉強しています）

[状態を表す動詞] He **has lived** in Japan for more than nine years.　（彼は9年間以上，日本に住んでいます）

Q1 次の文の（　）内の正しいほうを選び，○で囲みなさい。　(4点×5＝20点)

(1) 私たちは長い間，中学生に英語を教えています。
We (have been teaching / have teaching) English to junior high school students for a long time.

(2) 彼らは今朝からずっと本を読んでいます。
They (are reading / have been reading) a book since this morning.

(3) 彼は3年間，このコンピューターを使っています。
He (has been using / have used) this computer for three years.

(4) 彼女は1時間前からバイオリンを演奏しています。
She (has been playing / have played) the violin for an hour.

(5) 私は30分間，音楽を聞いています。
I (have been listening / has been listening) to music for half an hour.

Q2 次の日本文に合うように，（　）内の語句を並べかえなさい。　(6点×5＝30点)

(1) 私たちはおよそ30分間，彼女を待っています。
(have / we / waiting / been) for her for about 30 minutes.
_____ for her for about 30 minutes.

- (2) 彼女は，今日の午後からこの小説を読んでいます。
  (she / novel / has / reading / this / been) since this afternoon.
  _____ since this afternoon.

- (3) 彼は2時間，このスマートフォンを使っています。
  (has / he / smartphone / been / using / this) for two hours.
  _____ for two hours.

- (4) 私の母は，数学を5年前から教えています。
  (for five years / been / my mother / has / math / teaching).
  _____.

- (5) 私たちは2週間，その問題について考えています。
  (have / been / we / the problem / thinking about / for two weeks).
  _____.

Q3 現在完了進行形を使って，次の日本文を英語に直しなさい。 （10点×5＝50点）

- (1) 私たちは今朝からあなたを待っています。
  _____

- (2) 彼女は新しい小説を2年前から書いています。
  _____

- (3) 私の娘はスペイン語（Spanish）を3か月前から勉強しています。
  _____

- (4) 彼はおよそ30分間，このスマートフォンを利用しています。
  _____

- (5) その教授（professor）は長い間，その問題について考えています。
  _____

ポイント　動作動詞と状態動詞

動作動詞と状態動詞の区別は，「意思を持って中断できるかどうか」で判断します。「走る」「食べる」などの行為は，「意思で中断可能」なのに対して，「知っている」「似ている」「覚えている」などは，意思で中断するのが不可能です。前者を動作動詞と呼び，後者を状態動詞と言います。

セクション 76 現在完了形の否定文

現在完了形の否定文は，〈have[has] + not + 動詞の過去分詞形〉の形を取ります。経験用法では，not の代わりに **never**（1度も〜ない）を使うことがよくあります。また，完了用法では already や just を使わず，〈have[has] + not + 動詞の過去分詞形 〜 yet〉「まだ〜していません」のように，文末に **yet**（まだ）を使います。

I **have never visited** France before.
（私は以前，フランスを訪問したことは1度もありません）

The train **has not arrived** at the station yet.
（その電車は，まだその駅に到着していません）

 Q1 次の文の（　）内の正しいほうを選び，○で囲みなさい。　　　　　　　　（4点×5＝20点）

☐ (1) 彼は以前，ローマを訪れたことが1度もありません。
He (has never visit / has never visited) Rome before.

☐ (2) 私たちは以前，この物語を聞いたことが1度もありません。
We (have never heard / have never hear) this story before.

☐ (3) 私は長い間，旧友に会っていません。
I (not have met / have not met) my old friend for a long time.

☐ (4) 彼は長い間，彼女の本当の名前を知りません。
He (has not known / has known not) her real name for a long time.

☐ (5) 私の父はまだ家に戻ってきていません。
My father (has not got / has not getting) back home yet.

Q2 次の日本文に合うように，（　　　）内の語句を並べかえなさい。　　　（6点×5 = 30点）

□ ⑴ 私は以前，外国語を学んだことが１度もありません。
(have / I / never / a foreign language / learned) before.

_____ before.

□ ⑵ 私は昨年から，私のお気に入りの映画を見ていません。
(seen / I / haven't / favorite movie / my) since last year.

_____ since last year.

□ ⑶ 彼は長い間，彼女の出生地を知りません。
(birthplace / he / known / her / hasn't) for a long time.

_____ for a long time.

□ ⑷ 私の父は以前，タイに住んだことがありません。
(father / hasn't / my / lived) in Thailand before.

_____ in Thailand before.

□ ⑸ 私の祖母は以前，ハワイに行ったことが１度もありません。
(to / grandmother / has / my / never / been / Hawaii) before.

_____ before.

Q3 次の日本文を英語に直しなさい。　　　（10点×5 = 50点）

□ ⑴ 私の両親は以前，ハワイ（Hawaii）に行ったことが１度もありません。

_____

□ ⑵ 私の父はまだコーヒーを飲んでいません。

_____

□ ⑶ 私の友人は日本に住んだことが１度もありません。

_____

□ ⑷ 私の祖母はまだ家に戻ってきていません。

_____

□ ⑸ 彼らは以前，外国語を勉強したことが１度もありません。

_____

セクション 77 現在完了形の疑問文と答え方

現在完了形の疑問文は，Have[Has] を文頭に置いて，〈Have[Has] ＋主語＋動詞の過去分詞形 ～?〉で表現します。経験用法の疑問文では，過去分詞形の前に「今までに」という意味の ever をよく使います。

Have you ever seen him before? （あなたは，今までに彼を見たことがありますか）

また，完了用法の疑問文では already や just を使わずに，文末に yet（もう）をよく使います。答え方はどの用法でも，〈Yes, 主語＋have[has].〉，または〈No, 主語＋have[has] ＋not.〉で表します。

Has she done her homework yet? （彼女はもう宿題を終えましたか）
— **Yes**, she **has**. （はい，終えました）
— **No**, she **has not**[**hasn't**]. （いいえ，終えていません）

Q1 次の文の（　）内の正しいほうを選び，〇で囲みなさい。 （4点×5＝20点）

(1) あなたは今までに沖縄を訪れたことがありますか。— はい，あります。
 (Have you ever visited / Have you visited ever) Okinawa before?
 — Yes, I have.

(2) 彼女は以前，あなたに会ったことがありますか。— いいえ，ありません。
 (Has she ever met / Has she never met) you before?
 — No, she has not.

(3) あなたたちは5年間，札幌に住んでいますか。— はい，住んでいます。
 (Have you live / Have you lived) in Sapporo for five years?
 — Yes, we have.

(4) あなたのお父さんは5時間，本を読んでいますか。— いいえ，読んでいません。
 (Have your father been reading / Has your father been reading) a book for five hours?
 — No, (he hasn't / I haven't).

(5) バスはもうバス停を出ましたか。— はい，出ました。
 (Has the bus left / Have the bus left) the bus stop yet?
 — Yes, (it has / it does).

Q2 次の日本文に合うように，（　　）内の語を並べかえなさい。 （6点×5 = 30点）

□ (1) あなたは以前，ハワイに行ったことがありますか。 — はい，あります。
(to / you / have / Hawaii / ever / been) before? —Yes, I have.

_____ before?

□ (2) 私の母は以前，あなたのお母さんに会ったことがありますか。 — いいえ，ありません。
(mother / my / ever / met / has) your mother before? — No, she has not.

_____ your mother before?

□ (3) あなたは長い間，鹿児島に住んでいますか。 — はい，住んでいます。
(Kagoshima / have / lived / in / you) for a long time? — Yes, I have.

_____ for a long time?

□ (4) 彼は10時間，ずっと働いているのですか。 — はい，働いています。
(working / he / has / been) for ten hours? — Yes, he has.

_____ for ten hours?

□ (5) 電車はもう駅を出てしまいましたか。 — はい，出ました。
(the / has / train / left) the station yet? — (, / it / yes / has).

_____ the station yet? — _____.

Q3 次の日本文を英語に直しなさい。 （10点×5 = 50点）

□ (1) あなたは以前，大阪に行ったことがありますか。 — はい，あります。

_____ — _____

□ (2) あなたのお母さんは以前，ロンドン（London）で働いたことがありますか。
— はい，あります。

_____ — _____

□ (3) 彼女は長い間，ハワイ（Hawaii）に住んでいますか。— いいえ，そうではありません。

_____ — _____

□ (4) あなたのお兄さんは3時間，ずっと英語を勉強していますか。 — はい，しています。

_____ — _____

□ (5) あなたはもう宿題を終えましたか。 — いいえ，終えていません。

_____ — _____

165

セクション 78 How long と How many times

現在完了形を含む，よく使われる疑問文を2つ学習しましょう。1つは**期間をたずねる**〈How long＋現在完了形の疑問文 ～?〉「どれくらいの間，～をしていますか」。そしてもう1つは，**回数をたずねる**〈How many times＋現在完了形の疑問文 ～?〉「何回，～をしたことがありますか」です。

How long has Nancy lived in New York?
（ナンシーはどれくらいの間，ニューヨークに住んでいますか）

How many times have you visited Hawaii?
（あなたは何回，ハワイを訪問したことがありますか）

 次の文の（　）内の正しいほうを選び，○で囲みなさい。　　　(4点×5 = 20点)

☐ (1) あなたがたはどれくらいの期間，お知り合いですか。
　　　How long (have you known / have you knowing) each other?

☐ (2) 彼女はどれくらいの期間，札幌(さっぽろ)に滞在(たいざい)していますか。
　　　How long (has she stay / has she stayed) in Sapporo?

☐ (3) あなたは何回，京都を訪れたことがありますか。
　　　How many times (have you visited / you have visited) Kyoto?

☐ (4) あなたは何回，その映画を見たことがありますか。
　　　How many times (have you seen / have you see) the movie?

☐ (5) その女の子は以前に何回，その小説を読んだことがありますか。
　　　How many times (has the girl read / was the girl reading) the novel before?

Q2 次の日本文に合うように，（　　）内の語句を並べかえなさい。　　(6点×5＝30点)

☐ (1) あなたはどれくらいの期間，東京に住んでいますか。
(long / how / have / lived / you) in Tokyo?

_____ in Tokyo?

☐ (2) 彼女はどれくらいの期間，そこに滞在していますか。
(has / she / long / stayed / how) there?

_____ there?

☐ (3) あなたはどれくらいの間，英語を勉強していますか。
(how / have / been / studying / long / English / you)?

_____?

☐ (4) あなたは何回，彼女に会ったことがありますか。
(you / many / have / seen / her / how / times)?

_____?

☐ (5) あなたは以前に何回，その本を読んだことがありますか。
(how / times / read / you / have / the book / many) before?

_____ before?

Q3 次の日本文を英語に直しなさい。　　(10点×5＝50点)

☐ (1) あなたはどれくらいの間，ここに滞在していますか。

_____

☐ (2) あなたはどれくらいの間，英語の勉強をしていますか。

_____

☐ (3) あなたのお父さんはどれくらいの間，そこで働いていますか。

_____

☐ (4) あなたは何回，韓国 (Korea) を訪れたことがありますか。

_____

☐ (5) 彼らは以前に何回，その映画を見たことがありますか。

_____

167

セクション 79

学習日 ◯ 月 ◯ 日　制限時間 **30** 分　答え→別冊 p.27　／100点

文型 ①
（SV / SVC / SVO）

英文を正確に読んだり書いたりするために，英文の「型」を理解しましょう。英文には 5 つの型があります。ここでは，そのうちの 3 つを学習します。

第 1 文型　主語(S) + 動詞(V)　<u>The bird</u> <u>flies</u>. （その鳥は飛びます）
　　　　　　　　　　　　　　　　S　　　　V

V の後ろには，「前置詞 + 名詞」などの修飾語句 (M) がよく置かれます。

第 2 文型　主語(S) + 動詞(V) + 補語(C)　<u>He</u> <u>is</u> <u>kind</u>. （彼は親切です）
　　　　　　　　　　　　　　　　　　　　 S　 V　 C

C（補語）には名詞や形容詞などが入り，**主語 (S) ＝補語 (C) の関係**にあります。

第 3 文型　主語(S) + 動詞(V) + 目的語(O)　<u>I</u> <u>study</u> <u>English</u>.
　　　　　　　　　　　　　　　　　　　　　　S　　V　　　O

（私は英語を勉強します）

O（目的語）には名詞や動名詞，不定詞が入ります。主語 (S) と目的語 (O) は＝の関係になりません。なお修飾語句 (M) は第 1 文型だけでなく，どの文型でも使われます。

Q1 各文の下線の下に S / V / O / C / M の区別を記入し，【　　】には文型を表す数字を書きなさい。　　　　　（4点×5 = 20点）

例　<u>The bird</u>　<u>flies</u>.（その鳥は飛びます）
　　　（ S ）　（ V ）　　　　　　　　　【　1　】

☐ ⑴　<u>He</u>　<u>is</u>　<u>kind</u>.（彼は親切です）
　　　（　）（　）（　）　　　　　　　　【　　】

☐ ⑵　<u>He</u>　<u>became</u>　<u>a teacher</u>.（彼は先生になりました）
　　　（　）　（　）　　（　）　　　　　【　　】

☐ ⑶　<u>I</u>　<u>love</u>　<u>you</u>.（私はあなたを愛しています）
　　　（　）（　）（　）　　　　　　　　【　　】

☐ ⑷　<u>My father</u>　<u>got</u>　<u>a nice camera</u>.（私の父はよいカメラを手に入れました）
　　　（　）　　（　）　（　）　　　　　【　　】

☐ ⑸　<u>Her school</u>　<u>starts</u>　<u>at 8:30</u>.（彼女の学校は 8 時 30 分に始まります）
　　　（　）　　（　）　（　）　　　　　【　　】

168

Q2 次の日本文に合うように（　）内の語句を並べかえ，【　】には文型を表す数字を書きなさい。

(6点×5＝30点)

☐ (1) 彼はバンコクで働いています。(works / he / Bangkok / in).

_____. 【　　】

☐ (2) 彼の弟はとても空腹です。(brother / is / his / hungry / very).

_____. 【　　】

☐ (3) 私の娘は医師になりました。(became / my / a doctor / daughter).

_____. 【　　】

☐ (4) 彼は英語が好きです。(likes / he / English).

_____. 【　　】

☐ (5) その女性は日本史を学びました。(the woman / Japanese history / studied).

_____. 【　　】

Q3 次の日本文を英語に直し，【　　】には文型を表す数字を書きなさい。

(10点×5＝50点)

☐ (1) その男性はシカゴ（Chicago）で働いています。

_____ 【　　】

☐ (2) 私はとても幸せでした。

_____ 【　　】

☐ (3) 彼女は客室乗務員（a flight attendant）になりました。

_____ 【　　】

☐ (4) 彼はサッカーが好きです。

_____ 【　　】

☐ (5) その男性は多くの友人をパーティーに招待しました。

_____ 【　　】

！ ポイント SVCOM のそれぞれの意味

S は subject（主語），V は verb（動詞），C は complement（補語），O は object（目的語），M は modifier（修飾語句）の頭文字です。

セクション **80**

学習日 ◯月 ◯日　制限時間 **30** 分　答え→別冊 p.27　　／ 100点

文型 ②（SVOO）

ここでは第4文型を学習します。**第4文型は〈主語（S）＋動詞（V）＋目的語（O）＋目的語（O）〉** です。**1つめのOにはおもに「人」，2つめのOにはおもに「もの」** がきて，文全体は「人にものを〜する」のような意味になります。

He gave me a jacket.（彼は私にジャケットをくれました）
S　V　O　　O

Mr. White taught them English.（ホワイト先生は彼らに英語を教えました）
　　S　　　V　　　O　　　O

Q1　各文の下線の下にS / V / O / O / Mの区別を記入しなさい。　（4点×5＝20点）

□ (1) My grandmother gave me some books.
　　　　（　　）　　　（　　）（　　）（　　　）　（私の祖母は数冊の本を私にくれました）

□ (2) He taught me English last year.
　　（　　）（　　）（　　）（　　　）（　　　）　（彼は昨年，私に英語を教えました）

□ (3) My father told me the story about the town.
　　　（　　）　（　　）（　　）（　　　）　（　　　　　）　（父は私にその町の話をしました）

□ (4) She showed me some pictures.
　　（　　）（　　）（　　）（　　　）　（彼女は数枚の写真を私に見せました）

□ (5) He sent me a couple of e-mails.
　　（　　）（　　）（　　）　（　　　）　（彼は私に2，3通のメールを送りました）

170

Q2 次の日本文に合うように，(　　)内の語句を並べかえなさい。　(6点×5＝30点)

☐ (1) 私の先生は私に，数枚の書類を見せました。
My teacher (documents / me / showed / some).

My teacher _____.

☐ (2) その先生は数年前，私に英語を教えました。
The teacher (me / taught / English) a few years ago.

The teacher _____ a few years ago.

☐ (3) その女性は私に，いくつかの鉛筆と消しゴムをくれました。
The woman (some pencils / gave / me / and erasers).

The woman _____.

☐ (4) 店長は彼の従業員にメールを送りました。
The manager (e-mails / sent / his workers).

The manager _____.

☐ (5) 私たちの祖父は私たちに，戦争の話をしました。
Our grandfather (told / the story / about the war / us).

Our grandfather _____.

Q3 SVOOの文型を使って，次の日本文を英語に直しなさい。　(10点×5＝50点)

☐ (1) 私の母は私にケーキを1つ作りました。

_____

☐ (2) 私の先生は昨日，私に英語を教えてくれました。

_____

☐ (3) その先生は私に数枚の書類をくれました。

_____

☐ (4) 彼女は私に1通の手紙を書きました。

_____

☐ (5) 私の父は私に，ある古い物語を話しました。

_____

セクション 81 文型③（SVOC）

学習日 ○月 ○日　制限時間 30分　答え→別冊 p.28　/ 100点

5つめの文型の第5文型は，〈**主語(S)** + **動詞(V)** + **目的語(O)** + **補語(C)**〉です。この文では，O = C の関係になります。この文型では，make O C「O を C にする」と find O C「O が C だとわかる」という代表的なものに絞って練習します。

He often **makes** **me** **happy**. （彼はよく私を楽しくさせます）
　S　　　　V　　　O　　C

I **found** **him** **a soccer player**. （私は彼がサッカー選手だとわかりました）
S　　V　　　O　　　　C

Q1 各文の下線の下に S / V / O / C の区別を記入しなさい。　(4点×5 = 20点)

(1) I　made　you　happy.
　（ ）（ ）（ ）（ ）　　　（私はあなたを幸せにしました）

(2) His behavior　made　his father　angry.
　　（ ）　　　　（ ）　（ ）　　（ ）　（彼の行動は彼の父親を怒らせました）

(3) She　found　the book　interesting.
　　（ ）（ ）　　（ ）　　（ ）　（彼女はその本がおもしろいとわかりました）

(4) We　found　the data　useful.
　　（ ）（ ）　（ ）　　（ ）　（私たちはそのデータが役立つとわかりました）

(5) The machine　made　my life　convenient.
　　（ ）　　　（ ）　（ ）　（ ）　（その機械は私の生活を便利にしました）

Q2 次の日本文に合うように，（　）内の語句を並べかえなさい。　(6点×5 = 30点)

(1) そのニュースは私たちを喜ばせました。
The news (us / made / happy).

The news _____.

(2) 彼の考え方は彼の両親を悲しませるでしょう。
His way of thinking (his / will / make / sad / parents).

His way of thinking _____.

- (3) その女性たちは，その本がとてもおもしろいとわかりました。
  The women (found / books / very interesting / the).

  The women _____.

- (4) 私たちのチームは，その情報がとても役に立つとわかりました。
  Our team (very / found / information / useful / the).

  Our team _____.

- (5) その考え方が，私たちをとても裕福にしました。
  The ways of thinking (made / rich / us / very).

  The ways of thinking _____.

Q3 次の日本文を英語に直しなさい。 （10点×5＝50点）

- (1) 私は彼女を幸せにしたいです。

  _____

- (2) 私たちは，彼の話がとても役に立つとわかりました。

  _____

- (3) その技術（technology）は，私たちの生活をとても便利にしました。

  _____

- (4) その女性は，この本がとてもおもしろいとわかりました。

  _____

- (5) 私たちの考え方は私たちを裕福にするでしょう。

  _____

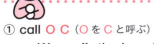 **ポイント** そのほかの動詞を使った第5文型

① call O C （O を C と呼ぶ）

　　We　call　the boy　Taku.　（私たちはその少年をタクと呼びます）
　　 S 　 V 　　 O 　　 C

② name O C （O を C と名付ける）

　　They　named　their baby　Emily.　（彼らは赤ちゃんをエミリーと名付けました）
　　 S 　　 V 　　　 O 　　　 C

173

セクション 82 形式主語の文

学習日 ◯ 月 ◯ 日　制限時間 **30** 分　答え→別冊 p.28　　／100点

名詞的用法の不定詞（セクション48）を主語に使うと，To study English is fun for me.（英語を勉強するのは私にとって楽しみです）という文を作れます。しかし，**英語ではふつう，長い主語を好みません。そのため，真の主語の To study English を It という「仮の形式的な主語」に置きかえ，真の主語を文末に置く**ことがあります。It をこのように使った文を「形式主語の文」と呼びます。

To study English is fun for me.

It is fun for me **to study English**.
形式主語　　　　　　　　　　　　真の主語

不定詞の前の for 〜は「不定詞の意味上の主語」と呼ばれ，「だれが」to 以下の動作をするのかを示しています。

Q1 次の文の（　　）内の正しいほうを選び，◯で囲みなさい。 （4点×5＝20点）

☐ (1) うそをつくことは悪いことです。
It is bad (to tell / to telling) a lie.

☐ (2) あなたが熱心に勉強をすることは重要です。
It is important for you (to studying / to study) hard.

☐ (3) 他人の悪口を言うことはよくないことです。
It is not good (to speak / for speak) ill of others.

☐ (4) 彼女がそこへ１人で行くことは，とても簡単でした。
It was very easy (for her to going / for her to go) there alone.

☐ (5) あなたは医者に診てもらうことが必要です。
It is necessary (for you to see / to you for seeing) a doctor.

174

Q2 次の日本文に合うように，（　　　）内の語句を並べかえなさい。　　　(6点×5＝30点)

□ (1) 他人の手助けすることはよいことです。
(is / it / to / good / help) other people.

_____ other people.

□ (2) 私たちが外国語を習得することは難しいです。
(difficult / is / for / us / learn / it / to) a foreign language.

_____ a foreign language.

□ (3) あなたが1人でそこへ行くことは難しいです。
(difficult / for / it / you / go / there / is / to) by yourself.

_____ by yourself.

□ (4) 私たちは自分たちの体を大事にすることが重要です。
(to / ourselves / it / us / is / take care of / important / for).

_____ .

□ (5) 何かについて不平を言うことは，よいことではありません。
(to / something / is / about / not / complain / good / it).

_____ .

Q3 次の日本文を英語に直しなさい。　　　(10点×5＝50点)

□ (1) お年寄り（elderly people）を助けることはよいことです。

_____

□ (2) あなたたちが外国語を学ぶことは役に立ちます。

_____

□ (3) 彼がそこに1人で行くことは難しいことではありません。

_____

□ (4) 熱心に勉強することは重要です。

_____

□ (5) 他人の悪口を言うことはよいことではありません。

_____

セクション 83 疑問詞 + to + 動詞の原形

how to swim（泳ぎ方）のように，〈疑問詞＋不定詞（to ＋動詞の原形）〉で，1 つの意味のカタマリを作ることができます。I don't know のあとに，代表的な 4 つの表現を続けた例文を見てみましょう。

I don't know
- **what to do.** （何をすべきかがわかりません）
- **how to cook** fish. （魚を料理する方法がわかりません）
- **where to go** tomorrow. （明日，どこへ行くべきかがわかりません）
- **when to see** you. （いつあなたに会うべきかがわかりません）

 Q1 次の文の（　）内の正しいほうを選び，○で囲みなさい。 （4点×5 = 20点）

(1) 私は次に何をすべきかわかっています。
I know (what to do / what do) next.

(2) 彼は私に，店で何を買うべきかをたずねました。
He asked me (what to buying / what to buy) at the store.

(3) あなたは魚を料理する方法を知っていますか。
Do you know (how to cooking / how to cook) fish?

(4) 私たちはどこで卵を買うべきか知りたいです。
We want to know (where to buy / where buy to) eggs.

(5) あなたはいつ計画を公表すべきかを知っていますか。
Do you know (when announce to / when to announce) the plan?

Q2 次の日本文に合うように，（　　）内の語句を並べかえなさい。 （6点×5＝30点）

☐ (1) 私の息子は次に何をすべきかを私にたずねました。
My son asked me (to / what / do / next).

My son asked me ＿＿＿＿＿＿＿＿＿＿＿＿＿＿＿＿＿＿＿＿＿.

☐ (2) 私はあの店で何を買うべきかわかっています。
I know (at that store / to / what / buy).

I know ＿＿＿＿＿＿＿＿＿＿＿＿＿＿＿＿＿＿＿＿＿＿＿.

☐ (3) 彼らは外国語を習得する方法を知っていますか。
Do they know (a / learn / how / foreign language / to)?

Do they know ＿＿＿＿＿＿＿＿＿＿＿＿＿＿＿＿＿＿＿?

☐ (4) 彼女は来年の夏にどこへ行くべきかを決めました。
She decided (next summer / to / where / go).

She decided ＿＿＿＿＿＿＿＿＿＿＿＿＿＿＿＿＿＿＿＿＿.

☐ (5) 私たちはいつ私たちのビジネスを始めるべきかわかりません。
We don't know (to / our / when / start / business).

We don't know ＿＿＿＿＿＿＿＿＿＿＿＿＿＿＿＿＿＿＿＿.

Q3 次の日本文を英語に直しなさい。 （10点×5＝50点）

☐ (1) 私は彼に何を言うべきかわかっています。

＿＿＿＿＿＿＿＿＿＿＿＿＿＿＿＿＿＿＿＿＿＿＿＿＿＿＿＿＿

☐ (2) あなたはその店で何を買うべきかわかっていますか。

＿＿＿＿＿＿＿＿＿＿＿＿＿＿＿＿＿＿＿＿＿＿＿＿＿＿＿＿＿

☐ (3) 彼らは私にどこへ行くべきかたずねました。

＿＿＿＿＿＿＿＿＿＿＿＿＿＿＿＿＿＿＿＿＿＿＿＿＿＿＿＿＿

☐ (4) 私たちは両親に，どこで卵を買えばよいのかをたずねました。

＿＿＿＿＿＿＿＿＿＿＿＿＿＿＿＿＿＿＿＿＿＿＿＿＿＿＿＿＿

☐ (5) 私たちはいつ勉強をすべきなのかわかりません。

＿＿＿＿＿＿＿＿＿＿＿＿＿＿＿＿＿＿＿＿＿＿＿＿＿＿＿＿＿

セクション 84 too ~ to ... と ~ enough to ...

不定詞を使った別の表現を2つ学習しましょう。

1. **I'm too busy to see you.** （私は忙しすぎてあなたに会えません）

   〈too + ~（形容詞・副詞）+ to ...（動詞の原形）〉は，「とても~なので，…できない」，もしくは「…するには~すぎる」という意味になります。

2. **He is kind enough to help elderly people.**
   （彼はお年寄りの手助けをするほど親切です）

   〈~（形容詞・副詞）+ enough to ...（動詞の原形）〉は，「…するほど~だ，…するには（十分に）~だ」という意味になります。

Q1 次の文の（　）内の正しいほうを選び，○で囲みなさい。 （4点×5 = 20点）

□ (1) 彼女はとても忙しいので，私たちに連絡を取れません。
　　She is (too busy / very busy) to contact us.

□ (2) そのかばんはとても重かったので，私には運べませんでした。
　　The bag was (very heavy / too heavy) for me to carry.

□ (3) その男性はとても早口で話したので，私たちは理解できませんでした。
　　The man spoke (too fast / very fast) for us to understand.

□ (4) この問題は解くには十分易しかったです。
　　This question was (easy enough / enough easy) to solve.

□ (5) その男性は親切なことにお年寄りの女性を助けました。
　　The man was (kind enough / enough kind) to help an elderly woman.

Q2 次の日本文に合うように，（　　）内の語句を並べかえなさい。　(6点×5 = 30点)

□ (1) 私の母はとても疲れているので，これ以上働けません。
My mother is (tired / too / work / to) any more.

My mother is _____ any more.

□ (2) そのスーツケースはとても重かったので，その女の子には運べませんでした。
The suitcase was (too / to / the girl / heavy / carry / for).

The suitcase was _____.

□ (3) その若い女性はとても早口で話したので，彼らは理解できませんでした。
The young woman spoke (fast / to / them / too / understand / for).

The young woman spoke _____.

□ (4) これらの問題は私たちが解けるほど簡単でした。
These questions were (us / solve / to / enough / easy / for).

These questions were _____.

□ (5) そのソファーは私が運べるほど軽いものでした。
The sofa was (enough / me / for / carry / to / light).

The sofa was _____.

Q3 次の日本文を英語に直しなさい。　(10点×5 = 50点)

□ (1) その女性は忙しすぎて，よく眠れませんでした。

_____

□ (2) 私たちはとても疲れているので，これ以上働けません。

_____

□ (3) この問題（question）は難しすぎて，私たちには解け（solve）ません。

_____

□ (4) その机は私が運べるほど軽いものでした。

_____

□ (5) その女性はお年寄りの男性を手助けするほど親切でした。

_____

179

セクション 85

want [would like] + 人 + to + 動詞の原形

ここからは，いくつかの動詞の重要な使い方を学習します。まず，want という動詞です。「私はこのケーキを食べたいです」は I <u>want to eat</u> this cake. ですが，「私は**あなたに**このケーキを食べてもらいたいです」と言いたいときには，want と to の間に you を入れ，I want **you** to eat this cake. と表現します。この文を少していねいな表現にしたいときは，want の代わりに would like を使いましょう。

I want　　　to eat this cake. （私はこのケーキを食べたいです）
I **want you to eat** this cake. （私はあなたにこのケーキを食べてもらいたいです）
I **would like you to eat** this cake.
　　　　　　　　　　（私はあなたにこのケーキを食べていただきたいのですが）

 1 次の文の（　）内の正しいほうを選び，○で囲みなさい。　　（4点×5＝20点）

☐ (1) 私は，自分の子どもたちに幸せになってもらいたいです。
I (want my children to be / want my children be) happy.

☐ (2) あなたのお母さんはあなたに，真実を言ってもらいたいと思っています。
Your mother (wants you tell / wants you to tell) the truth.

☐ (3) 彼らはあなたに，旅行のキャンセルをしてもらいたくありません。
They don't (want you to cancel / want you cancel) the trip.

☐ (4) 私はあなたに，すぐに電話をしていただきたいのですが。
I (would like you call / would like you to call) me soon.

☐ (5) 私たちはあなたのチームに，試合に勝っていただきたいのですが。
We (would like your team to win / would like your team win) the game.

180

Q2 次の日本文に合うように，（　　）内の語句を並べかえなさい。　　(6点×5＝30点)

☐ (1) 彼女はあなたに，正直でいてもらいたいと思っています。
She (be / to / wants / you / honest).

She _____.

☐ (2) 私はあなたに，幸せを感じてもらいたいです。
I (you / feel / happy / want / to).

I _____.

☐ (3) 彼らはあなたに，夢をあきらめてほしいと思っていません。
They don't (want / to / give up / you / your dream).

They don't _____.

☐ (4) 私はあなたに，私と連絡を取っていただきたいのですが。
I (you / would like / contact / me / to).

I _____.

☐ (5) 私たちはそのボクサーに，次の試合は勝っていただきたいと思っているのですが。
We (the next match / win / the boxer / would like / to).

We _____.

Q3 （　　）内の語を使って，次の日本文を英語に直しなさい。　　(10点×5＝50点)

☐ (1) 私はあなたに，幸せになってもらいたいと思っています。(want)

_____

☐ (2) 私たちは彼らに，正直になっていただきたいと思っているのですが。(would like)

_____

☐ (3) 彼らは私に，海外（abroad）に行ってほしいと思っていません。(want)

_____

☐ (4) 私はあなたたちに，夢を持っていただきたいのですが。(would like)

_____

☐ (5) 私たちはあなたのチームに，次の試合に勝ってほしいと思っています。(want)

_____

181

セクション 86

tell [ask] + 人 + to + 動詞の原形

前のセクションの〈want + 人 + to + 動詞の原形〉の want を tell や ask に変えると，次のような表現ができます。

My parents **told me to come** back early.
（両親は私に，早く戻ってくるように言いました）

Mika **asked me to help** her with her homework.
（ミカは私に，彼女の宿題を手伝うよう頼みました）

want / tell / ask はすべて，後ろに不定詞を取り，どれも，「（人）に対してある動作をやってもらうように促す」という意味合いになります。日本語訳を丸暗記する前に，3つの語のこの共通点をきちんと理解しておくとよいでしょう。

 次の文の（　）内の正しいほうを選び，○で囲みなさい。　　（4点×5＝20点）

☐ (1) 先生は私たちに，正直であるように言います。
My teacher (tells us to be / tells us be) honest.

☐ (2) 彼は私たちに，すぐに戻ってくるように言いました。
He (told us to coming / told us to come) back soon.

☐ (3) 私たちの先生は私たちに，宿題をするように言いました。
Our teacher (told us to do / told our doing) our homework.

☐ (4) 彼女はいつも息子に，部屋を掃除するように言います。
She always (tells her son to clean / tells her son clean) his room.

☐ (5) 彼らは娘に，手紙を書くように言いました。
They (told their daughter to write / told their daughter write) a letter to them.

Q2 次の日本文に合うように，（　　）内の語句を並べかえなさい。　（6点×5＝30点）

☐ (1) その先生は彼に，お年寄りに親切にするように言いました。
The teacher (be / him / told / kind / to) to elderly people.

The teacher ＿＿＿＿＿＿＿＿＿＿＿＿＿＿＿＿＿＿＿ to elderly people.

☐ (2) 私はあなたに，もっと一生懸命勉強するように頼みました。
I (study / you / harder / asked / to).

I ＿＿＿＿＿＿＿＿＿＿＿＿＿＿＿＿＿＿＿＿＿＿＿＿＿ .

☐ (3) 私の父はいつも私に，たくさん努力するように言います。
My father always (me / a lot of / efforts / tells / to / make).

My father always ＿＿＿＿＿＿＿＿＿＿＿＿＿＿＿＿＿ .

☐ (4) 私の母はしばしば私に，私の部屋を掃除するように言います。
(my room / often tells / clean / me / to / my mother).

＿＿＿＿＿＿＿＿＿＿＿＿＿＿＿＿＿＿＿＿＿＿＿＿＿ .

☐ (5) 彼らは私たちに，メールを送ってくるように頼みました。
(to them / us / asked / they / send / to / an e-mail).

＿＿＿＿＿＿＿＿＿＿＿＿＿＿＿＿＿＿＿＿＿＿＿＿＿ .

Q3 次の日本文を英語に直しなさい。　（10点×5＝50点）

☐ (1) 彼女は私に，すぐに（soon）家に帰ってくるように頼みました。

＿＿＿＿＿＿＿＿＿＿＿＿＿＿＿＿＿＿＿＿＿＿＿＿＿

☐ (2) 私の両親はいつも私に，たくさん努力するように言います。

＿＿＿＿＿＿＿＿＿＿＿＿＿＿＿＿＿＿＿＿＿＿＿＿＿

☐ (3) 私たちの先生は私たちに，教室（classroom）を掃除するように頼みました。

＿＿＿＿＿＿＿＿＿＿＿＿＿＿＿＿＿＿＿＿＿＿＿＿＿

☐ (4) 私の父は私に，もっと一生懸命勉強するように言いました。

＿＿＿＿＿＿＿＿＿＿＿＿＿＿＿＿＿＿＿＿＿＿＿＿＿

☐ (5) 私の母親は私たちに，お年寄りに親切にするように言いました。

＿＿＿＿＿＿＿＿＿＿＿＿＿＿＿＿＿＿＿＿＿＿＿＿＿

183

セクション87 使役動詞と知覚動詞

make や let などの使役動詞は，〈**主語＋使役動詞＋人＋動詞の原形 ～ .**〉という形で使います。たとえば，

　　My mother **made me clean** the room. （母は私に部屋を掃除させました）
　　My parents **let me go** alone. （両親は私に一人で行かせました）

という文を作ることができます。make は「（～がやりたくないことを強制的に）させる」，let は「（～がやりたいことを許可して）させる」というちがいがあります。

次に，see，hear，feel などの知覚動詞も，使役動詞と同じように〈**主語＋知覚動詞＋人＋動詞の原形 ～ .**〉の形にして，

　　I **heard our teacher sing** a song. （私は先生が歌を歌うのを聞きました）

という文を作ることができます。see を使えば「…が～するのを見る」，feel を使えば「…が～するのを感じる」となります。

使役動詞や知覚動詞が過去形になっても，「人」のあとの動詞は原形のままであることに注意しましょう。

Q1 次の文の（　）内の正しいほうを選び，○で囲みなさい。 （4点×5＝20点）

☐ (1) 私の父は私に海外留学をさせました。
　　My father (made me to study / made me study) abroad.

☐ (2) 私たちの先生は私たちに休憩を取らせました。
　　Our teacher (let us take / let us to take) a break.

☐ (3) 彼女は若い男性が歌を歌うのを見ました。
　　She (saw a young man sing / saw a young man sang) a song.

☐ (4) 私たちにはミュージシャンがバイオリンを弾くのが聞こえました。
　　We (heard a musician played / heard a musician play) the violin.

☐ (5) その男性はだれかが彼の背中に触れるのを感じました。
　　The man (felt someone touch / felt someone to touch) his back.

Q2 次の日本文に合うように，（　　　）内の語句を並べかえなさい。　　　　（6点×5＝30点）

☐ (1) 私の母はまもなく，私を海外に行かせました。
My mother (abroad / me / made / go) soon.

My mother ＿＿＿＿＿＿＿＿＿＿＿＿＿＿＿＿＿＿＿＿＿ soon.

☐ (2) 店長は私たちに休暇を取ることを許可しました。
The manager (a / us / let / take / day) off.

The manager ＿＿＿＿＿＿＿＿＿＿＿＿＿＿＿＿＿＿＿ off.

☐ (3) 彼女は，彼女の小さな息子がボール遊びをするのを見ました。
She (her / saw / play / little son) with a ball.

She ＿＿＿＿＿＿＿＿＿＿＿＿＿＿＿＿＿＿＿ with a ball.

☐ (4) 私たちにはコメディアンがジョークを言うのが聞こえました。
We (heard / comedian / a / tell) a joke.

We ＿＿＿＿＿＿＿＿＿＿＿＿＿＿＿＿＿＿＿ a joke.

☐ (5) その女性はだれかが彼女の手に触れるのを感じました。
The woman (her / felt / someone / touch / hands).

The woman ＿＿＿＿＿＿＿＿＿＿＿＿＿＿＿＿＿＿＿.

Q3 次の日本文を英語に直しなさい。　　　　（10点×5＝50点）

☐ (1) 父は私に勉強させました。（make を使って）

＿＿＿＿＿＿＿＿＿＿＿＿＿＿＿＿＿＿＿＿＿＿＿＿＿

☐ (2) 私たちは彼を海外に行かせました。（let を使って）

＿＿＿＿＿＿＿＿＿＿＿＿＿＿＿＿＿＿＿＿＿＿＿＿＿

☐ (3) 私たちは彼女が郵便局（post office）に入る（enter）のを見ました。

＿＿＿＿＿＿＿＿＿＿＿＿＿＿＿＿＿＿＿＿＿＿＿＿＿

☐ (4) 彼らには，私が歌を歌うのが聞こえました。

＿＿＿＿＿＿＿＿＿＿＿＿＿＿＿＿＿＿＿＿＿＿＿＿＿

☐ (5) その男性はだれかが自分の頭に触れるのを感じました。

＿＿＿＿＿＿＿＿＿＿＿＿＿＿＿＿＿＿＿＿＿＿＿＿＿

確認テスト 4

 学習日 ●月 ●日　答え → 別冊 p.30
制限時間 **45**分　／100点

出題範囲 ▶ セクション69～87

1 次の（　）に入れるのに適当な語句を，[　]内から選びなさい。（2点×5=10点）

□ (1) その小説は，ある有名な小説家によって書かれました。
　　　The novel (　　　　) by a famous novelist.
　　　　　　　　　　　　　　　　　　　[was written / were writing / wrote]

□ (2) 彼女は沖縄に2回行ったことがあります。
　　　She (　　　　) Okinawa twice.
　　　　　　　　　　　　　　　[have been to / has been to / has been]

□ (3) 私たちは彼らに，すべきことを知っていただきたいです。
　　　We would like them to know (　　　　).　[what to do / do / to do]

□ (4) あなたが慎重にそれを考えることが大切です。
　　　It is important (　　　　) to think of it carefully.
　　　　　　　　　　　　　　　　　　　　[to you / of you / for you]

□ (5) その机は木でできていました。
　　　The desk was made (　　　　) wood.　　　[for / of / into]

2 各文の下線の下にS／V／O／C／Mの区別を書きなさい。（2点×5=10点）

□ (1) The man　is　very tall.
　　　(　)　(　)　(　)

□ (2) My father　has lived　in Thailand　for three years.
　　　(　)　　(　)　　(　)　　(　)

□ (3) The man　gave　his wife　a good present　yesterday.
　　　(　)　(　)　(　)　　(　)　　(　)

□ (4) Smartphones　made　our life　more comfortable.
　　　(　)　　(　)　(　)　　(　)

□ (5) The woman　drew　a picture　of Mt. Fuji.
　　　(　)　　(　)　(　)　　(　)

3 次の文を指示に従って書きかえなさい。（6点×4=24点）

□ (1) Your parents have lived in Nara for almost 20 years.（疑問文に）

☐ ⑵ The train has already left Osaka Station.（否定文に）

_____

☐ ⑶ These glasses were made in China.（疑問文に）

_____

☐ ⑷ Your brother has visited Beijing twice.（下線部が答えとなる疑問文に）

_____

4 次の日本文に合うように，（　　）内の語句を並べかえなさい。　　（6点×4=24点）

☐ ⑴ 私たちが外国語を学習することは重要なことです。
(to / important / it / for us / is / a foreign language / study).

_____ .

☐ ⑵ 彼はとても忙しく，彼の先生と連絡を取ることができませんでした。
(was / busy / to / his / teacher / he / too / contact).

_____ .

☐ ⑶ 私の父はいつも私たちに，他人に親切にしなさいと言います。
(to others / my father / to / always tells / us / be / kind).

_____ .

☐ ⑷ 私の母は彼に，私に謝罪させました。
(made / mother / me / apologize / him / to / my).

_____ .

5 次の日本文を英語に直しなさい。　　（8点×4=32点）

☐ ⑴ あなたは何をすべきかわかりますか。

_____

☐ ⑵ 私は彼と知り合って5年になります。

_____

☐ ⑶ 私たちには，私たちの子どもたちが歌を歌うのが聞こえました。

_____

☐ ⑷ あなたは今までに何回，彼に会ったことがありますか。

_____

セクション 88 間接疑問文

間接疑問文というのは，〈疑問詞＋主語＋動詞〉のカタマリが文の一部になっている文のことです。What do you have in your hands? の前に，たとえば I know（私は知っています）を置いてみましょう。

疑問文　What do you have in your hands?（あなたは手に何を持っていますか）
間接疑問文　I know what you have in your hands.
（私は，あなたが手に何を持っているかを知っています）

間接疑問文では，what you have のように〈疑問詞＋主語＋動詞〉の語順になり，what から hands までが know の目的語になるのがポイントです。ほかの疑問詞を使った間接疑問文も確認してください。

I know why she said such a thing.
（私は，彼女がなぜそんなことを言ったのかを知っています）

I know how long they have lived in Kobe.
（私は，彼らがどれくらい神戸に住んでいるのかを知っています）

 Q1 次の文の（　）内の正しいほうを選び，○で囲みなさい。　　　(4点×5＝20点)

☐ (1) 私たちは，あなたが何を言いたいのかがわかっています。
We know (what you want / what do you want) to say.

☐ (2) 私は，あなたがなぜそのようなことを言ったのかがわかりません。
I don't know (why said you / why you said) such a thing.

☐ (3) あなたは，いつあなたの友人がここに来るのか，わかりますか。
Do you know (when will come your friend / when your friend will come) here?

☐ (4) 私はあなたに，彼はどこへ行くつもりなのかをたずねたいです。
I want to ask you (where is he going / where he is going) to go.

☐ (5) 私の先生は私たちに，どのように英語の勉強をするかを教えてくれました。
My teacher taught us (how we should study / how should we study) English.

188

Q2 次の日本文に合うように，（　）内の語句を並べかえなさい。 （6点×5＝30点）

□ (1) 私たちは，彼が何を言いたかったのかがわかっています。
We know (he / what / to say / wanted).

We know ＿＿＿＿＿＿＿＿＿＿＿＿＿＿＿＿＿＿＿＿＿＿＿＿＿＿ .

□ (2) 私たちは，あなたがなぜそのようなひどいことをしたのかがわかりません。
We don't know (you / such a / why / did / terrible thing).

We don't know ＿＿＿＿＿＿＿＿＿＿＿＿＿＿＿＿＿＿＿＿＿＿ .

□ (3) あなたは，彼女がいつ日本に戻ってくるのかを知っていますか。
Do you know (to Japan / she / come back / when / will)?

Do you know ＿＿＿＿＿＿＿＿＿＿＿＿＿＿＿＿＿＿＿＿＿＿ ?

□ (4) 彼らはあなたに，その機械がどのように動くのかを見せるでしょう。
They'll show you (the / how / machine / works).

They'll show you ＿＿＿＿＿＿＿＿＿＿＿＿＿＿＿＿＿＿＿＿＿ .

□ (5) 私の父は私に，服にいくら使うつもりなのかをたずねました。
My father asked me (on clothes / how much / would spend / I).

My father asked me ＿＿＿＿＿＿＿＿＿＿＿＿＿＿＿＿＿＿＿ .

Q3 次の日本文を英語に直しなさい。 （10点×5＝50点）

□ (1) 私は，彼女が何をしたのかを知っています。

＿＿＿＿＿＿＿＿＿＿＿＿＿＿＿＿＿＿＿＿＿＿＿＿＿＿＿＿＿＿

□ (2) 私の両親は，私がなぜそのようなことをしたのかを知りません。

＿＿＿＿＿＿＿＿＿＿＿＿＿＿＿＿＿＿＿＿＿＿＿＿＿＿＿＿＿＿

□ (3) あなたは，彼がいつ家に帰ってくるかを知っていますか。

＿＿＿＿＿＿＿＿＿＿＿＿＿＿＿＿＿＿＿＿＿＿＿＿＿＿＿＿＿＿

□ (4) あなたは，彼が本にいくら使ったのかを知りたいですか。

＿＿＿＿＿＿＿＿＿＿＿＿＿＿＿＿＿＿＿＿＿＿＿＿＿＿＿＿＿＿

□ (5) 私は，その機械がどのように動くのかをあなたに見せましょう。

＿＿＿＿＿＿＿＿＿＿＿＿＿＿＿＿＿＿＿＿＿＿＿＿＿＿＿＿＿＿

セクション 89 so ~ that の文

so ~ that の文は，〈 ... so + 形容詞［副詞］+ that 節（that + 主語 + 動詞）〉という形をとり，「とても~なので…だ」と「…なほど，とても~だ」という2つの訳し方があります。

He was so busy that he didn't have time to sleep last night.
（彼はとても忙しかったので，昨晩，眠る時間がありませんでした）
（彼は昨晩，眠る時間がないほど，とても忙しかったです）

Q1 次の文の（　）内の正しいほうを選び，○で囲みなさい。　（4点×5＝20点）

□ (1) 彼は今とても忙しいので，あなたと話すことができません。
He is (so busy / too busy) now that he can't talk with you.

□ (2) 彼はとても親切だったので，みんな彼のことが大好きでした。
He was (so kind / kind enough) that everyone liked him very much.

□ (3) そのスーツケースはとても重かったので，私たちは部屋まで運べませんでした。
The suitcase was (too heavy / so heavy) that we were not able to carry it to the room.

□ (4) その男性はとても速く話すので，私たちは彼のことを理解できません。
The man speaks so fast (that we can't / for us to) understand him.

□ (5) 私の子どもが大声で話していたので，私は昼寝をすることができませんでした。
My children spoke so loudly (that I was not able to take / that I took) a nap.

Q2 次の日本文に合うように，（　）内の語句を並べかえなさい。 (6点×5＝30点)

□ (1) 彼はとても裕福なので，新しい車を買うことができました。

He was (rich / that / he / was able / so / a new car / to buy).

He was _____.

□ (2) その男性はとても背が高かったので，私たちは簡単に彼だとわかりました。

The man was (him / so / that / we / tall / recognized) easily.

recognize「〜だとわかる」

The man was _____ easily.

□ (3) その男性はとても速く走ったので，私は彼に追いつくことができませんでした。

The man ran (him / that / so / I / was not able to / catch up with / fast).

The man ran _____.

□ (4) 私はとても遅く起きたので，学校に間に合いませんでした。

I got up (was not able to be / that / in time for school / late / so / I).

I got up _____.

□ (5) 私の息子はとても熱心に勉強したので，試験に合格することができました。

My son studied (that / so / pass / was able / he / the test / hard / to).

My son studied _____.

Q3 次の日本文を英語に直しなさい。 (10点×5＝50点)

□ (1) 彼はとても忙しいので，私は彼と出かける（go out）ことができません。

_____

□ (2) 彼女はとても速く話したので，私は彼女のことを理解できませんでした。

_____

□ (3) その男性はとてもお金持ちだったので，大きな家に住むことができました。

_____

□ (4) 私の娘はとても熱心に勉強したので，試験に合格することができました。

_____

□ (5) 私はとても起きるのが遅かったので，学校に遅刻（late for）しました。

_____

セクション90 感嘆文

「何て〜なんでしょう！」という驚きを表す文を「感嘆文」といい，How や What を使って表現します。それぞれの語順に注意しましょう。

How を使う　〈How ＋ 形容詞［副詞］＋ 主語 ＋ 動詞 〜！〉
What を使う　〈What ＋（a［an］＋）形容詞 ＋ 名詞 ＋ 主語 ＋ 動詞 〜！〉

文の終わりには，ピリオドではなくエクスクラメーションマーク（!）を使います。また，どちらの文も〈主語＋動詞 〜〉を省くことができます。

How beautiful these flowers are!（これらの花は何て美しいのでしょう！）
What a beautiful flowers these are!（これらは何て美しい花なのでしょう！）

Q1 次の文の（　）内の正しいほうを選び，○で囲みなさい。　(4点×5＝20点)

(1) あなたは何て忙しいのでしょう！
(How busy / What busy) you are!

(2) あなたは何て速く走ることができるのでしょう！
(What fast / How fast) you can run!

(3) この動物は何てゆっくり歩くのでしょう！
(How slowly / What slowly) this animal walks!

(4) これは何て難しい問題なのでしょう！
(What a difficult question / How a difficult question) this is!

(5) 彼らは何て親切な女の子なのでしょう！
(What kind girls / How kind girls) they are!

Q2 次の日本文に合うように，（　　）内の語を並べかえなさい。 (6点×5＝30点)

□ (1) 彼女は何て忙しかったのでしょう！
(was / busy / she / how)!

_____!

□ (2) あなたは何て速く走ることができたのでしょう！
(could / how / you / run / fast)!

_____!

□ (3) その動物は何てゆっくり歩くのでしょう！
(how / animal / slowly / the / walks)!

_____!

□ (4) これらは何て簡単な問題なのでしょう！
(are / easy / what / questions / these)!

_____!

□ (5) 彼女は何てかわいらしい赤ちゃんなのでしょう！
(what / cute / is / baby / a / she)!

_____!

Q3 次の日本文を英語に直しなさい。 (10点×5＝50点)

□ (1) 彼は何て忙しかったのでしょう！

_____

□ (2) 彼女は何てよい本を持っているのでしょう！

_____

□ (3) その動物は何て速く走ることができるのでしょう！

_____

□ (4) これらは何て難しい問題なのでしょう！

_____

□ (5) その赤ちゃんは何てかわいらしいのでしょう！

_____

セクション 91 付加疑問文

相手に「〜ですね？」と確認したり，同意を求めたりする文が「付加疑問文」です。確認・同意を求める内容を表す文の文末に，〈(,) + 助動詞（または be 動詞）と not の短縮形 + 前半の主語？〉を付け加えます。下の例文で理解しましょう。

be 動詞と not の短縮形↓　　　前半の主語
He is kind, **isn't** **he**？（彼は親切ですね？）
　　↑確認・同意を求める内容

前半に can が使われていたら〈, can't 〜?〉，will が使われていたら〈, won't 〜?〉，現在完了形なら〈, haven't[hasn't] 〜?〉とします。
また，**前半が否定文の場合，付け足した部分に not は不要**です。

Tom and Ken **didn't** study Spanish, **did they**?
　　　　　　　　　（トムとケンは，スペイン語を勉強しませんでしたね？）

また，この文のように，前半の主語が人名などの場合，付け足した部分では主語は代名詞に変えましょう。

Q1 次の文の（　）内の正しいほうを選び，○で囲みなさい。　（4点×5＝20点）

(1) 彼はあなたのお父さんですね？
He is your father, (isn't he / is he)?

(2) カナはフランスで美術を勉強したのですね？
Kana studied art in France, (didn't she / doesn't she)?

(3) あなたとノリコは来年結婚するのですね？
You and Noriko will get married next year, (won't you / don't you)?

(4) これらはあなたたちのコートではないですね？
These aren't your coats, (are they / do they)?

(5) あなたは英語を話すことができないのですね？
You can't speak English, (can you / can I)?

Q2 次の日本文に合うように，（　）内の語句を並べかえなさい。　(6点×5 = 30点)

□ (1) 彼はあなたのお兄さんですね？
He (he / your / is / brother / , / isn't /)?

He _____?

□ (2) あなたのお姉さんは，イタリアで音楽を学んだのですね？
Your sister (she / studied / in Italy / , / didn't / music)?

Your sister _____?

□ (3) あなたとタカシは今度の６月に結婚するのですね？
You and Takashi (will / married / , / next June / won't you / get)?

You and Takashi _____?

□ (4) これは彼のメガネではないですね？
These (are they / aren't / glasses /, / his)?

These _____?

□ (5) あなたはフランス語を話すことができないのですね？
You (can / you / speak / , / can't / French)?

You _____?

Q3 次の日本文を英語に直しなさい。　(10点×5 = 50点)

□ (1) 彼はあなたの先生ですね？

_____

□ (2) あなたは英語の勉強をしたいのですね？

_____

□ (3) あなたは来年，フランス (France) に行く予定なのですね？

_____

□ (4) その鳥は飛ぶことができないのですね？

_____

□ (5) ケンジは，昨日は忙しくなかったのですね？

_____

セクション 92 仮定法過去

事実と異なることについて「もし～なら」と述べる表現方法を「仮定法」と呼びます。まず、「現在の事実と異なる内容」を表す「仮定法過去」を学習しましょう。文の形は、〈**If**＋主語＋動詞の過去形 ～ , 主語＋**would**＋動詞の原形 ….〉で、意味は「もし（主語が）～なら，（主語は）…するだろうに」です。
If ～の部分に be 動詞を使うときには，一般的に主語が何であっても were を使います。また，後半の would の代わりに could, should, might なども使えます。

If I were you, I would go to America.
（もし私があなたなら，私はアメリカに行くでしょうに）

If ～を後ろに持ってくることもあります。この場合，if の前にカンマ (,) はつけません。

You could be successful if you had enough money.
（もしあなたに十分なお金があれば，成功できるでしょうに）

Q1 次の文の(　)内の正しいほうを選び，○で囲みなさい。 （4点×5＝20点）

(1) もし私があなたなら，そのようなことはしないでしょうに。
If I (were / is) you, I wouldn't do such a thing.

(2) もし私が鳥なら，私はあなたのところへ飛んでいけるでしょうに。
If I (were / am) a bird, I could fly to you.

(3) もし私がロケットを持っているなら，私は月に行くでしょうに。
I would go to the moon if I (had / have) a rocket.

(4) もし彼が会議に出席するなら，私も参加するでしょうに。
If he attended the meeting, I (would join / will join) it.

(5) もしあなたが劇場に来るなら，あなたのお気に入りのコメディアンに会えるでしょうに。
You (can meet / could meet) your favorite comedian if you came to the theater.

Q2 次の日本文に合うように，（　　　）内の語句を並べかえなさい。　　(6点×5＝30点)

□ (1) もし私があなたなら，私はそう言わないでしょうに。
I wouldn't say so (if / were / you / I).

I wouldn't say so _____.

□ (2) もし私が裕福なら，私は家を買うことができるでしょうに。
I could buy a house (I / rich / were / if).

I could buy a house _____.

□ (3) もしあなたがもっと熱心に勉強していれば，試験に合格できるでしょうに。
(harder / you / if / studied), you could pass the test.

_____, you could pass the test.

□ (4) もっと熱心に働いていれば，あなたはたくさんのお金をかせぐでしょうに。
(make / would / money / a lot of / you) if you worked harder.

_____ if you worked harder.

□ (5) もしあなたがパーティーに来れば，もっと楽しいものになるでしょうに。
If you came to the party, (would / it / fun / be / more).

If you came to the party, _____.

Q3 次の日本文を英語に直しなさい。　　(10点×5＝50点)

□ (1) もし私があなたなら，それをしないでしょうに。(If で始めて)

_____

□ (2) もし私がお金持ちなら，海外へ旅行に行く (travel abroad) でしょうに。(I で始めて)

_____

□ (3) もしあなたがもっと一生懸命に働いていれば，たくさんのお金をかせげるでしょうに。
(If で始めて)

_____

□ (4) もしここに来れば，彼女と会うことができるでしょうに。(You で始めて)

_____

□ (5) もし私が車を持っていれば，湖に行くでしょうに。(If で始めて)

_____

セクション93 I wish + 主語 + 動詞の過去形

「〜であればなあ」のように，現在の事実と異なることを願望するときにも仮定法を使います。If を使わず，I wish を使って「〜であればなあ」という意味を作ることができます。I wish の後ろには〈主語＋動詞の過去形〉が続きますが，could や would のような助動詞の過去形を使い，〈主語＋could[would]＋動詞の原形〉のような形になることもあります。また，be動詞を使う場合は were を使うのが一般的です。

I wish I could speak French well.
主語＋助動詞の過去形＋動詞の原形　　（私がフランス語を上手に話すことができたらなあ）

I wish I were a magician.　　（私がマジシャンであればなあ）
主語＋動詞の過去形（be動詞は were を使う）

Q1 次の文の(　)内の正しいほうを選び，○で囲みなさい。　（4点×5＝20点）

(1) 私が金持ちだったらなあ。
I wish I (were / am) rich.

(2) 彼女がここにいてくれたらなあ。
I wish she (is / were) here.

(3) 彼が私たちといっしょに来てくれたらなあ。
I wish he (will come / would come) with us.

(4) 新しいスマートフォンが買えたらなあ。
I wish I (can buy / could buy) a new smartphone.

(5) 彼の住んでいる場所を知っていたらなあ。
I wish I (can know / knew) where he lives.

Q2 次の日本文に合うように，（　　）内の語を並べかえなさい。 (6点×5 = 30点)

□ (1) 彼があなたといっしょに来てくれたらなあ。
I wish (with / he / come / you / would).

I wish _____ .

□ (2) 今，彼女に連絡を取ることができればなあ。
I wish (her / I / could / contact) now.

I wish _____ now.

□ (3) 彼らのように上手に中国語を話せたらなあ。
I wish (well / I / speak / could / Chinese) like them.

I wish _____ like them.

□ (4) 新しい自転車を買うことができたらなあ。
(bike / buy / a / I / could / wish / new / I).

_____ .

□ (5) 今，休憩することができればなあ。
(a / take / I / could / wish / I / break).

_____ .

Q3 次の日本文を英語に直しなさい。 (10点×5 = 50点)

□ (1) 私が鳥だったらなあ。

_____

□ (2) 私が新しいコンピューターを買うことができればなあ。

_____

□ (3) 彼女がパーティーに来ることができればなあ。

_____

□ (4) 私があなたのように上手に英語が話せればなあ。

_____

□ (5) 彼らが私と会ってくれたらなあ。

_____

セクション 94 仮定法過去完了 （発展）

学習日 ◯月 ◯日　制限時間 **30**分　答え→別冊 p.33　_____ / 100点

前のセクションとは違い，「もし（主語が）〜していたら，（主語は）…していただろうに」のように「**過去の事実と異なる内容**」を表現したいときには，〈**If＋主語＋had＋過去分詞〜，主語＋would＋have＋過去分詞 ….**〉の形を使います。would の代わりに could, should, might なども使えます。

If you had left earlier, **you could have caught** the first train.
（もしもっと早く出ていれば，あなたは始発電車に乗れたでしょうに）

You wouldn't have had the trouble **if you had been** more careful.
（もしもう少し注意していたら，あなたは問題を抱えなかったでしょうに）

Q1 次の文の（　）内の正しいほうを選び，◯で囲みなさい。 （4点×5＝20点）

☐ (1) もし仕事を終えていたら，あなたは私たちといっしょに出かけていたでしょうに。
If you (had finished / finished) your work, you would have gone out with us.

☐ (2) もし彼女に十分な時間があったら，会議に来ていたでしょうに。
If she (has had / had had) enough time, she would have come to the meeting.

☐ (3) もし彼の住所を知っていたら，私は彼に連絡することができたでしょうに。
I could have contacted him if I (had known / have known) his address.

☐ (4) もし疲れていなかったら，私はオフィスまで歩いたでしょうに。
If I had not been tired, I (would have walked / had walked) to my office.

☐ (5) もしあなたのアドバイスに従っていたら，私は失敗しなかったでしょうに。
I (would have not failed / would not have failed) if I had followed your advice.

Q2 次の日本文に合うように，（　）内の語句を並べかえなさい。 （6点×5＝30点）

☐ (1) もし忙しくなかったら，私はあなたを手伝っていたでしょうに。
If I had not been busy, (have / would / helped / I / you).

If I had not been busy, _____.

200

☐ (2) もし彼女が大金を持っていたら，その高価なコンピューターを買うことができたでしょうに。
(she / if / had / a lot of / had / money), she could have bought the expensive computer.

_____,

she could have bought the expensive computer.

☐ (3) もし私が彼女のメールアドレスを知っていたら，連絡することができたでしょうに。
I could have contacted her (I / if / her / had / e-mail address / known).

I could have contacted her _____.

☐ (4) もしあなたが8時に電車に乗っていたら，そこにもっと早く到着していたでしょうに。
(had / the / you / if / caught / train) at 8:00, you would have got there earlier.

_____

at 8:00, you would have got there earlier.

☐ (5) もしもっと熱心に働いていなかったら，あなたは成功しなかったでしょうに。
(succeeded / would / you / have / not) if you had not worked harder.

_____ if you had not worked harder.

Q3 次の日本文を英語に直しなさい。 (10点×5＝50点)

☐ (1) もし私に時間があったら，あなたに会うことができたでしょうに。（If で始めて）

_____

☐ (2) もし彼女が私のアドバイスに従っていたら，彼女は成功していたでしょうに。（She で始めて）

_____

☐ (3) もし彼がもっと早く起きていたら，その電車に乗ることができていたでしょうに。（If で始めて）

_____

☐ (4) もし私が疲れていなかったら，あなたを手伝うことができたでしょうに。（I で始めて）

_____

☐ (5) もしあなたが一生懸命勉強していなければ，試験に合格しなかったでしょうに。（If で始めて）

_____

セクション 95 現在分詞

学習日 ○ 月 ○ 日　制限時間 **30** 分　答え→別冊 p.33　／ 100点

---

a **standing** girl（立っている女の子），a **broken** window（割れた窓）のように，**動詞を ing 形にしたり過去分詞形にしたりして名詞を修飾できるようにしたものを分詞**といいます。そのうち，**動詞の ing 形の方を現在分詞**といい，「〜している 名詞・〜する 名詞」のような意味になります。現在分詞と説明される名詞との間には「名詞 は〜する」という能動関係があることを覚えておきましょう。また，1 語の現在分詞で名詞を説明するときには「名詞の前」から説明をし，2 語以上の意味のカタマリとなって説明をするときには「名詞の後ろ」から説明をします。

前から説明　a **crying** baby　（泣いている赤ちゃん）

後ろから説明　a baby **crying over there**　（向こうで泣いている赤ちゃん）

Q1 次の文の（　　）内の正しいほうを選び，○で囲みなさい。　（4点×5 = 20点）

☐ (1) その飛んでいる鳥を見なさい。

Look at (the flying bird / the fly bird).

☐ (2) 私はその泣いている赤ちゃんを知っています。

I know (the cry baby / the crying baby).

☐ (3) 向こうを歩いている動物を見なさい。

Look at the animal (walking over there / walked over there).

☐ (4) 公園には野球をしている少年が何人かいます。

There are some boys (playing baseball / played baseball) in the park.

☐ (5) オフィスで働いている 1 人の女性がいます。

There is a woman (working in the office / work in the office).

Q2 次の日本文に合うように，（　　）内の語句を並べかえなさい。　(6点×5＝30点)

□ (1) その泣いている子どもを見なさい。
Look at (crying / child / the).

Look at _____.

□ (2) 私たちはその眠っている赤ちゃんを知りません。
We don't know (baby / sleeping / the).

We don't know _____.

□ (3) 向こうで飛んでいる大きな鳥を見なさい。
Look at (flying / big bird / the / over there).

Look at _____.

□ (4) 劇場で働いている1人の男性がいました。
There was (in / a man / working / the theater).

There was _____.

□ (5) あなたは，公園の周りを走っている数人の子どもが見えますか。
Can you see (a few / around / children / running / the park)?

Can you see _____?

Q3 現在分詞を使って，次の日本文を英語に直しなさい。　(10点×5＝50点)

□ (1) 眠っている赤ちゃんを見なさい。

_____

□ (2) 向こうで飛んでいる鳥を見なさい。

_____

□ (3) 私はその泣いている少年を知っています。

_____

□ (4) オフィスで働いているたくさんの男性がいました。

_____

□ (5) 向こうで走っている2，3人の子どもたちが見えますか。

_____

セクション 96 過去分詞

現在分詞と違い，過去分詞と説明される名詞との間には「名詞 は〜される」という受動の関係があることを覚えておきましょう。また，1語の過去分詞で名詞を説明するときには「名詞の前」から説明し，2語以上の意味のカタマリとなって説明をするときには「名詞の後ろ」から説明をします。

- 前から説明　a **broken** camera （壊されたカメラ）
- 後ろから説明　a camera **broken by someone** （だれかに壊されたカメラ）

Q1 次の文の（　）内の正しいほうを選び，○で囲みなさい。 (4点×5＝20点)

(1) 彼女は割れた窓に驚きました。
She was surprised at (the breaking window / the broken window).

(2) 私たちはオフィスで印刷された数枚の書類を持っています。
We have some documents (printed in our office / print in our office).

(3) 私は世界中の多くの人々によって使われているコンピューターを買いました。
I bought a computer (used by a lot of people / using by a lot of people) around the world.

(4) 机の上に，日本で作られたカメラが数台あります。
There are some cameras (make in Japan / made in Japan) on the desk.

(5) 若者によって読まれているその本は，とてもおもしろいです。
The book (read by young people / reading by young people) is very interesting.

Q2 次の日本文に合うように，（　　）内の語句を並べかえなさい。　(6点×5＝30点)

☐ (1) 先生は割られた窓を見つけました。
The teacher found (window / broken / the).

The teacher found _____.

☐ (2) イタリアで作られた数台のテーブルを見なさい。
Look at (tables / some / Italy / made / in).

Look at _____.

☐ (3) 私は，ヨーロッパで多くの人々によって使われているコンピューターを買いたいです。
I want to buy (people / a computer / a lot of / used / by) in Europe.

I want to buy _____ in Europe.

☐ (4) その国で話されている言語は，英語とスペイン語です。
(in / spoken / the languages / the country) are English and Spanish.

_____ are English and Spanish.

☐ (5) 若い人々によって読まれているその小説は，とても優れています。
(by / read / the novel / young people) is very good.

_____ is very good.

Q3 次の日本文を英語に直しなさい。　(10点×5＝50点)

☐ (1) その割られた窓を見なさい。

_____

☐ (2) その先生は，日本で多くの人々に使われているコンピューターを買いました。

_____

☐ (3) 日本で話されている言語は日本語です。

_____

☐ (4) その若者たちによって歌われている歌は，とても人気です。

_____

☐ (5) 私はイタリア (Italy) で作られたテーブルがほしいです。

_____

関係代名詞 ①
主格の who

関係代名詞を使うと，2つの文を1つの文で表現できます。たとえば，

I know the man. He is a doctor.（私はその男性を知っています。彼は医者です）

という2つの文の the doctor と He はイコールなので，He を who という**関係代名詞**に置きかえ，以下の1文を作ることができます。

I know the man who is a doctor.（私は，医者であるその男性を知っています）

この文を見ると，関係代名詞はその後ろの部分（波線部）とともに文の形になり，前の名詞（**先行詞**という。ここでは the doctor）を説明していることがわかります。関係代名詞そのものが主語の役割をしているため，これを主格の関係代名詞といい，後ろにすぐ動詞（ここでは is）が続きます。また，例文のように先行詞が人を表す語の場合，関係代名詞は who を使います。who の代わりに that を使うこともできます。

 次の文の（　）内の正しいほうを選び，○で囲みなさい。　（4点×5 = 20点）

☐ (1) 私はこの会社で働いているその男性を知っています。
I know the man (who works / who work) for this company.

☐ (2) 私にはロサンゼルスに住んでいる3人の息子がいます。
I have three sons (who live / who living) in Los Angels.

☐ (3) あなたは韓国に住んでいるその女性を知っていますか。
Do you know the woman (who lives / who live) in Korea?

☐ (4) 私に手紙を書いた男性は私の父です。
The man (who wrote / who writes) a letter to me is my father.

☐ (5) その試合でけがをした選手はとても有名です。
The player (who got injured / who getting injured) in the game is very famous.
　　　　　　　　　　　　　　　　　　　　　got injured「けがをした」

206

Q2 次の日本文に合うように，（　　）内の語句を並べかえなさい。　(6点×5＝30点)

☐ (1) 私はロシアに住んでいるその女の子を知っています。
I know the girl (lives / in / who / Russia).

I know the girl _____.

☐ (2) あなたはその会社で働いているその男性を知っていますか。
Do you know the man (works / who / the company / for)?

Do you know the man _____?

☐ (3) ふだん私たちに英語を教えている男性はホワイト先生です。
The man (English / usually teaches / to us / who) is Mr. White.

The man _____ is Mr. White.

☐ (4) アメリカに行くことを決めたその選手はとても有名です。
The player (decided / to go / America / who / to) is very famous.

The player _____ is very famous.

☐ (5) 私には以前パリを訪問したことのある数人の友人がいます。
I have some friends (have / who / visited / Paris) before.

I have some friends _____ before.

Q3 whoを使って，次の日本文を英語に直しなさい。　(10点×5＝50点)

☐ (1) 私たちはシアトル (Seattle) に住んでいるその女性を知っています。

_____

☐ (2) 彼らにはとても上手に小説を書くことができる友人がいます。

_____

☐ (3) アメリカ (America) に住むことを決めたその男性は，私のおじです。

_____

☐ (4) 私には東京で働いている子どもが1人います。

_____

☐ (5) 彼には，以前パリ (Paris) に住んでいたことがある娘 (daughter) が1人います。

_____

セクション 98

学習日 ◯ 月 ◯ 日 ⏱ 制限時間 **30** 分　答え→別冊 p.34　／ 100点

関係代名詞 ②
主格の **which, that**

先行詞が the doctor のような「人」の場合，主格の関係代名詞には who もしくは that を使いましたが，先行詞が人以外の場合には which か that を使います。

Look at <u>the church</u>. <u>It</u> is next to the library.

（教会を見なさい。それは図書館の隣にあります）

Look at <u>the church which</u>[that] is next to the library.

↑先行詞が「もの」　　　　　　（図書館の隣にある教会を見なさい）

Q1 次の文の（　　）内の正しいほうを選び，◯で囲みなさい。　　　（4点×5 ＝ 20点）

□ (1) 私は，来年販売されるこのコンピューターがほしいです。

I want this computer (who will be sold / which will be sold) next year.

□ (2) これらは，とても速く飛ぶことができる動物です。

These are animals (which can fly / which flying) very fast.

□ (3) これは 1990 年に建てられたビルです。

This is the building (which was built / which built) in 1990.

□ (4) 向こうで眠っている犬を見なさい。

Look at the dog (that is sleeping / that sleeping) over there.

□ (5) 閉鎖される予定のその店は，私のレストランです。

The store (that will be closed / that will close) is my restaurant.

Q2 次の日本文に合うように，（　　）内の語句を並べかえなさい。　　　（6点×5 ＝ 30点）

□ (1) その先生は自宅で使われる予定のコンピューターを買いました。

The teacher bought (will / computer / used / which / be / a) at home.

The teacher bought _____ at home.

□ (2) これは 2018 年に開催されたイベントです。

This is (event / which / took place / an) in 2018.　　take place「開催される」

This is _____ in 2018.

208

☐ (3) これは，その店で買うことができる絵です。
This is (picture / the / can be / bought / that) at the shop.

This is _____ at the shop.

☐ (4) 向こうでほえている犬を見なさい。
Look at (over / there / dog / the / that / is barking).　　　bark「ほえる」

Look at _____.

☐ (5) その部屋の壁にかかっているカレンダーは古いものでした。
The calendar (was / on the wall / of the room / which) was old.

The calendar _____ was old.

Q3 whichを使って，次の日本文を英語に直しなさい。　（10点×5＝50点）

☐ (1) 私たちは昨年売られていたコンピューターがほしいです。
_____

☐ (2) これらはとても速く飛ぶことができる鳥です。
_____

☐ (3) これは2015年に開催されたイベントです。
_____

☐ (4) 向こうで眠っている動物を見なさい。
_____

☐ (5) 壁にかかっている地図はとても大きかったです。
_____

ポイント　関係代名詞 whose

whose は所有格の関係代名詞で，〈whose ＋名詞＋動詞〜〉という形で先行詞を説明します。ポイントは，先行詞と whose の直後の名詞との間には，「〜の」という関係があることです。
　I know **the boy** **whose** father is a doctor.（私は，父親が医者である少年を知っています）

セクション 99 関係代名詞 ③ 目的格の which, that

学習日 ○月 ○日　制限時間 **30** 分　答え→別冊 p.34　　／100点

目的格の関係代名詞は，関係代名詞自身が，それに続く主語と動詞の文の目的語の役割をしているために，目的格と呼ばれます。目的語の役割をしている関係代名詞が，先行詞の後ろに移動して，内容説明の意味のカタマリの先頭を担っていると考えましょう。先行詞が人以外のときには，which または that を使います。また，**目的格の which や that はしばしば省略されます。**

This is a camera. Many people wanted to buy it.
（これはカメラです。多くの人がそれを買いたいと思っていました）

This is **a camera which [that]** many people wanted to buy.
（これは，多くの人が買いたいと思っていたカメラです）

 次の文の (　) 内の正しいほうを選び，○で囲みなさい。　　（4点×5 = 20点）

☐ (1) 私は先週あなたが買った本を知っています。
I know the book (which / who) you bought last week.

☐ (2) あれは長い間私がほしいと思っている自転車です。
That is the bike (that / whose) I have wanted for a long time.

☐ (3) これは私が探していたかぎです。
This is a key (who / which) I was looking for.

☐ (4) 彼らが見ていた動物は，とても速く走ることができます。
The animal (that / who) they were looking at can run very fast.

☐ (5) 彼女が手に持っていたスマートフォンは，すてきに見えました。
The smartphone (which / what) she had in her hands looked good.

Q2 次の日本文に合うように，（　　）内の語句を並べかえなさい。　(6点×5 = 30点)

□ (1) 彼女は多くの女の子がとても好きな歌を歌いました。
She sang a song (a lot of / which / like / girls) very much.

She sang a song _____ very much.

□ (2) 私は多くの人々が所有したいと思っていたコンピューターを買いました。
I bought the computer (to / people / which / have / wanted / many).

I bought the computer _____.

□ (3) ハワイは多くの日本人が毎年訪れる場所です。
Hawaii is the place (Japanese / that / many / visit) every year.

Hawaii is the place _____ every year.

□ (4) これはあなたのお兄さんが探していたかぎですか。
Is this a key (looking for / was / your brother / that)?

Is this a key _____?

□ (5) これらは私たちが何回も読んだことのある小説です。
These are the novels (read / many times / we / have).

These are the novels _____.

Q3 （　　）内の語を使って，次の日本文を英語に直しなさい。　(10点×5 = 50点)

□ (1) これは若い人々がとても好きな歌です。（that）

_____

□ (2) これらはあなたが探している本ですか。（which）

_____

□ (3) 私が最も好きなスポーツはテニスです。（which）

_____

□ (4) 私が長い間ほしいと思っているコンピューターは，高価（expensive）です。（that）

_____

□ (5) 私は彼女が昨年書いた小説を持っています。（that）

_____

211

関係代名詞 ④ 目的格の that, who

先行詞が人を表す場合，目的格の関係代名詞は that，あるいは who か whom を使うことがポイントです。セクション99と同じように，これらの関係代名詞も省略することができます。実際の英文では whom を見かけることはありませんが，少し古い文などで見かけることがあります。

He's a musician. Many young people want to see him.
（彼はミュージシャンです。多くの若者が彼に会いたがっています）

He's a musician that [who, whom] many young people want to see.
（彼は，多くの若者が会いたがっているミュージシャンです）

Q1 次の文の（ ）内の正しいほうを選び，○で囲みなさい。 (4点×5＝20点)

(1) 私はあなたが最も好きな俳優を知っています。
I know the actor (whom / whose) you like the best.

(2) こちらは多くの若者が尊敬している俳優です。
This is the actor (that / which) many young people respect.

(3) 私たちが最も好きなサッカー選手は，イタリアに行くことを決めました。
The soccer player (that / whose) we like the best decided to go to Italy.

(4) 彼が話をしている女性は，私の母親です。
The woman (which / who) he is talking with is my mother.

(5) 私たちはあなたが先週話題にしていた男性と会う予定です。
We are going to meet the man (that / which) you were talking about last week.

Q2 次の日本文に合うように，（ ）内の語句を並べかえなさい。 (6点×5＝30点)

(1) 私はあなたがずっと話したいと思っている男の子を知っています。
I know the boy (talk / whom / wanted / to / you / have) with.

I know the boy _____ with.

212

☐ (2) こちらは多くの若者が尊敬している政治家です。
　　This is a politician (people / respect / young / that / many).

　　This is a politician _____.

☐ (3) 私たちが待っていた男性は，この店で働いています。
　　(we / that / man / were / waiting for / the) works at this store.

　　_____ works at this store.

☐ (4) 私たちがいちばん好きな野球選手は，来年引退するでしょう。
　　(best / the / player / we / baseball / like / the) is going to retire next year.

　　_____ is going to retire next year.

☐ (5) 私たちは昨晩話題にしていた男性と連絡を取りたいと思っています。
　　We want to contact (were / the / we / man / talking about) last night.

　　We want to contact _____ last night.

Q3 （　）内の語を使って，次の日本文を英語に直しなさい。 （10点×5＝50点）

☐ (1) 私はあなたが好きな俳優を知っています。（whom）

　　_____

☐ (2) こちらは多くの選手が尊敬しているアスリート（athlete）です。（that）

　　_____

☐ (3) 私たちが待っていた男性は来ませんでした。（who）

　　_____

☐ (4) 私は昨日私たちが話題にしていた女性に会いたいです。（that）

　　_____

☐ (5) あなたが最も好きな野球選手はアメリカ（America）に行きました。（that）

　　_____

	主格	目的格
人	who	who [whom]
動物・もの	which	which
人・動物・もの	that	that

ポイント 関係代名詞のまとめ

確認テスト 5

出題範囲 セクション88〜100

1 次の( )に入れるのに適当な語句を，[ ]内から選びなさい。(3点×6=18点)

(1) もし私があなたなら，そんなことはしないでしょうに。
If I (　　　　) you, I would not do such a thing.　　[am / were / is]

(2) もし彼女が私たちを訪ねていたら，私たちはうれしかったでしょう。
If she (　　　　) us, we would have been happy.
[has visited / had visited / will visit]

(3) 私は，あそこに立っている女性を知っています。
I know the woman (　　　　) is standing over there.
[who / whose / whom]

(4) そこに立つ建物は有名な教会です。
The building (　　　　) stands there is a famous church.
[which / who / whom]

(5) 彼は何てすてきな人なんでしょう！
(　　　　) a nice guy he is!　　[What / How / Why]

(6) ステージで歌っている女の子を見なさい。
Look at the girl (　　　　) on stage.　　[sing / singing / sang]

2 次の文を指示に従って書きかえなさい。(6点×4=24点)

(1) He will answer your question.（付加疑問文に）

(2) There aren't any students in this class.（付加疑問文に）

(3) Mr. Yamamoto is a manager every worker respects very much.
（関係代名詞 that を補って）

(4) He is very handsome.（how を使った感嘆文に）

3 次の日本文に合うように，（　　）内の語句を並べかえなさい。　(5点×6=30点)

□ (1) 私はとても忙しかったので，彼に電話をすることができませんでした。
I was (busy / I / him / couldn't / call / that / so).

I was _____.

□ (2) 私には東京に住んでいる息子が2人います。
(in Tokyo / live / have / who / two sons / I).

_____.

□ (3) もし私が鳥だったら，あなたのところへ飛んでいけるのに。
If (could / I / a bird / I / fly / to you / , / were).

If _____.

□ (4) 私は彼女に，いつ時間があるかをたずねるつもりです。
(time / will / her / when / she / have / I / ask / will).

_____.

□ (5) 彼女はきっと成功すると思います。
(sure / she / succeed / am / that / will / I).

_____.

□ (6) 彼らは何と仲のよい友だちなのでしょう！
(are / friends / they / what / good)!

_____!

4 次の日本文を英語に直しなさい。　(7点×4=28点)

□ (1) あなたは昨日，忙しかったのですね。

_____

□ (2) あなたたちはその泣いている赤ちゃんを知っていますか。（現在分詞を使って）

_____

□ (3) 彼女は私に，彼女の母親が病気であると言いました。

_____

□ (4) 東京は多くの人々が訪れたことのある都市です。（which を使って）

_____

著者紹介

東進ハイスクール・東進衛星予備校　講師
メガスタディ(メガスタ)オンライン　講師

杉山 一志 (すぎやま　かずし)

　1977年生まれ，大阪府出身。大阪府立旭高等学校を経て同志社大学卒業。大学在学時にワーキングホリデービザを活用して，ニュージーランドで10か月間滞在経験を持つ。帰国後，独自の方法で学習を積み，実用英語技能検定1級を取得。TOEICテストでもリスニング・ライティングで満点を取得。

　現在は，大学入試受験生指導で，東大クラス・難関国立大クラス・早慶大クラスなど，幅広い講座を担当する他，セミナーや講演活動も積極的に行なっている。

　著書は，「英文法パターンドリル中学1年・中学2年・中学3年・中学全範囲」(文英堂)，「究極の音読プログラム初級編・中級編・上級編・ビジネス編」「小学英語スーパードリル2・3」(Jリサーチ出版)など，小学生から社会人という幅広い学習者を対象とした書籍は，40冊を超える。

- 編集協力　株式会社 WIT HOUSE　木村由香　渡邉聖子
- デザイン　八木麻祐子 (ISSHIKI)
- DTP　　　榊デザインオフィス
- イラスト　大塚たかみつ

シグマベスト
英文法パターンドリル
中学全範囲

本書の内容を無断で複写(コピー)・複製・転載することを禁じます。また，私的使用であっても，第三者に依頼して電子的に複製すること(スキャンやデジタル化等)は，著作権法上，認められていません。

©杉山一志　2021　　　Printed in Japan

著　者　杉山一志
発行者　益井英郎
印刷所　凸版印刷株式会社
発行所　株式会社文英堂
　　　　〒601-8121　京都市南区上鳥羽大物町28
　　　　〒162-0832　東京都新宿区岩戸町17
　　　　(代表)03-3269-4231

●落丁・乱丁はおとりかえします。

パターン練習で
英文法が身につく！

中学
全範囲

英文法パターンドリル

ABC

── 解答集 ──

文英堂

注 I am[I'm] a singer. は、「下線部の I am は I'm でも正解」という意味です。

セクション 1

(1) am (2) is (3) is (4) are (5) are

(1) I am angry
(2) He is happy
(3) He is a nurse
(4) They are teachers
(5) We are students

(1) He is[He's] happy.
(2) She is[She's] angry.
(3) They are[They're] teachers.
(4) He is[He's] a student.
(5) We are[We're] sad.

セクション 2

(1) is not   (2) is not
(3) isn't   (4) aren't
(5) aren't

(1) I am not angry
(2) He is not a teacher
(3) That isn't an apple
(4) This isn't an elephant
(5) She isn't a musician

(1) He is not[isn't] angry.
(2) I am[I'm] not a teacher.
(3) They are not[aren't] musicians.
(4) This is not[isn't] an apple.
(5) That is not[isn't] an egg.

セクション 3

(1) Is he   (2) Is this
(3) Are they   (4) Are these, are
(5) he is

(1) Is she a doctor
(2) Is that an apple
(3) Are you good friends
(4) Are these interesting books
(5) Are you happy

(1) Are you a doctor?
    — Yes, I am.
(2) Is this an egg?
    — No, it is not[isn't].
(3) Is that an interesting book?
    — Yes, it is.
(4) Are they happy?
    — No, they are not[aren't].
(5) Are they good friends?
    — Yes, they are.

セクション 4

(1) like   (2) speak
(3) play   (4) help
(5) drink

(1) I like cookies
(2) You speak Chinese
(3) I play baseball
(4) They help a lot of boys
(5) We drink milk

(1) We like cookies.
(2) They speak English.
(3) I speak Chinese.
(4) They play volleyball.
(5) I help a lot of students.

セクション 5

Q1
(1) do not like   (2) do not study
(3) do not play   (4) don't
(5) don't

Q2
(1) I do not read
(2) I do not study
(3) They do not play golf
(4) We don't eat meat
(5) They don't drink tea

Q3
(1) I do not[don't] play baseball.
(2) We do not[don't] speak English.
(3) I do not[don't] eat meat.
(4) I do not[don't] like this movie.
(5) They do not[don't] drink green tea.

セクション 6

Q1
(1) Do you like   (2) Do you study
(3) Do you have   (4) Do they read, don't
(5) Do Tom and Ken drink, they do

Q2
(1) Do you like English
(2) Do you study Japanese
(3) Do they have a car
　— Yes, they do

(4) Do they read these books
　— No, they don't
(5) Do Mary and Mike eat vegetables
　— Yes, they do

(1) Do you play soccer?
　— Yes, I do.
(2) Do you speak English?
　— No, we do not.
(3) Do they have an interesting book?
　— Yes, they do.
(4) Do Tom and Ken drink milk?
　— No, they do not.
(5) Do you and Monica eat vegetables?
　— Yes, we do.

セクション 7

(1) speaks   (2) eats
(3) watches   (4) He goes
(5) Bob has

(1) She speaks Spanish
(2) The woman eats sandwiches
(3) My father watches movies
(4) My sister goes to school
(5) Beth has a lot of computers

Q3
(1) He speaks English well.
(2) She eats a hamburger for lunch.
(3) My brother has a lot of friends in America.
(4) My mother watches movies on Saturdays.
(5) Alan has a lot of friends in Japan.

3

セクション 8

(1) does not run (2) does not write
(3) doesn't play (4) doesn't wash
(5) doesn't go

(1) My grandmother does not drive a car
(2) He does not call his daughter
(3) David doesn't go out
(4) Her mother doesn't play tennis
(5) Tom doesn't watch TV

(1) My son does not[doesn't] study English.
(2) He does not[doesn't] play the piano.
(3) She does not[doesn't] go out on weekends.
(4) His father does not[doesn't] drive a car.
(5) My mother does not[doesn't] use a computer.

セクション 9

(1) Does he visit
(2) Does his father have
(3) Does the man teach
(4) Does the woman go, she doesn't
(5) Does Mike enjoy, he does

(1) Does she visit New York
(2) Does your father have a large car
(3) Does the woman teach science
(4) Does the man walk to his office
   — No, he doesn't

(5) Does Suzy enjoy her life
   — Yes, she does

(1) Does he have a smartphone?
   — Yes, he does.
(2) Does she walk to school every day?
   — No, she does not[doesn't].
(3) Does the man teach English to you?
   — Yes, he does.
(4) Does the woman drive (a car)?
   — No, she does not[doesn't].
(5) Does Mary study Japanese?
   — Yes, she does.

セクション 10

(1) was (2) was (3) was (4) were (5) was

(1) He was very busy
(2) I was hungry
(3) My mother was a nurse
(4) They were good friends
(5) Those cats were under the table

(1) She was very busy last week.
(2) I was in the park then.
(3) We were good friends.
(4) They were in[at] the library yesterday.
(5) The little boy was in the hospital yesterday.

セクション 11

(1) was not   (2) was not
(3) wasn't   (4) weren't
(5) were not

(1) He was not hungry
(2) The woman was not thirsty
(3) My sister wasn't surprised
(4) Those lessons were not good
(5) The textbooks weren't expensive

(1) She was not [wasn't] hungry.
(2) This book was not [wasn't] useful.
(3) These computers were not [weren't] expensive.
(4) He was not [wasn't] busy.
(5) They were not [weren't] in the park at that time.

セクション 12

(1) Was the man
(2) Was his sister
(3) Were these books
(4) Were the little boys, they were
(5) Was your aunt, she was

(1) Was he very busy
(2) Was she famous
(3) Was your brother surprised
(4) Were the comedians funny
　　— No, they weren't
(5) Were the little children noisy
　　— Yes, they were

(1) Was he famous in his youth?
　　— Yes, he was.
(2) Was your father surprised at the news?
　　— No, he was not [wasn't].
(3) Was this book interesting?
　　— Yes, it was.
(4) Were the little children noisy?
　　— No, they were not [weren't].
(5) Was she busy yesterday?
　　— Yes, she was.

セクション 13

(1) visited　　(2) studied
(3) had　　　(4) went
(5) wrote

(1) He started his own business
(2) She played the violin
(3) The students enjoyed the party
(4) The young man sold some cars
(5) The photographer took a picture

(1) He had a lot of cars.
(2) She visited Hokkaido last week.
(3) She played the guitar yesterday.
(4) My father went to the library yesterday.
(5) We bought some pictures of Mt. Fuji.

セクション 14

(1) did not study　　(2) did not eat
(3) didn't talk　　　(4) didn't meet
(5) didn't read

(1) He did not drink milk
(2) She did not learn Japanese history
(3) The students didn't forget their teacher
(4) The man didn't know Helen
(5) The girl didn't bring the textbooks

(1) The girl did not [didn't] bring the English textbook yesterday.
(2) The boy did not [didn't] forget his teacher's name.
(3) He did not [didn't] talk with his teacher last Friday.
(4) We did not [didn't] study English yesterday.
(5) He did not [didn't] know Tom until yesterday.

セクション 15

(1) Did you invite
(2) Did he buy
(3) Did Takashi pass, did
(4) Did your mother make, she
(5) Did the woman answer, she did

(1) Did you eat breakfast
(2) Did he write a letter to his son
(3) Did Nancy draw a picture
(4) Did your mother make an apple pie
 — No, she didn't
(5) Did the professor answer your questions
 — Yes, she did

(1) Did your father make [cook] dinner?
 — Yes, he did.
(2) Did she write a letter to her son yesterday?
 — No, she did not [didn't].
(3) Did your sister make an apple pie last week?
 — Yes, she did.
(4) Did she draw a picture of Mt. Fuji?
 — No, she did not [didn't].
(5) Did your teacher answer your questions [question]?
 — Yes, he [she] did.

セクション 16

(1) am studying (2) is listening
(3) are taking (4) is writing
(5) are playing

(1) I am walking
(2) My father is reading a newspaper
(3) The men are taking some pictures
(4) He is driving a new car
(5) Those men and women are dancing

(1) We are [We're] walking in the park now.
(2) He is [He's] reading a book in the [his] room now.
(3) My sister is listening to music now.
(4) My parents are playing tennis in the park now.
(5) They are [They're] dancing to the music now.

セクション 17

(1) am not reading (2) isn't sleeping
(3) is not listening (4) are not running
(5) aren't swimming

Q2

(1) I am not reading
(2) The man isn't driving his car

(3) My students aren't using their own computers
(4) Our friends are not watching a movie
(5) He is not listening to music

(1) I am [I'm] not running in the park now.
(2) She is not [isn't] listening to music now.
(3) My father is not [isn't] using his computer now.
(4) The workers are not [aren't] sleeping now.
(5) He is not [isn't] writing a letter to his parents now.

セクション 18

(1) Are you reading
(2) Is he watching
(3) Are the students playing, they are
(4) Is Hillary doing, isn't
(5) Are your parents taking, they are

(1) Are you driving a new car
(2) Is he working in the office
(3) Are the students using their computers
(4) Is the man talking with our teacher
　— Yes, he is
(5) Is Nancy swimming
　— No, she isn't

(1) Is he swimming in the pool now?
　— Yes, he is.
(2) Is your father working now?
　— No, he is not [isn't].
(3) Is the woman running in the park now?
　— Yes, she is.
(4) Are they doing their homework now?
　— No, they are not [aren't].
(5) Is your father taking a walk with his dog?
　— Yes, he is.

セクション 19

(1) was doing　　　(2) was singing
(3) were taking　　(4) were playing
(5) were discussing

(1) She was washing her car
(2) He was carrying his heavy bag
(3) The two men were taking some notes
(4) The little kids were playing tennis
(5) The lawyer was reading some documents

(1) She was reading some documents then.
(2) The two men were washing their car(s) then.
(3) She was playing tennis then.
(4) The three kids were carrying a black bag then.
(5) My mother was washing the dishes then.

セクション 20

(1) was not cleaning　(2) was not studying
(3) weren't using　　(4) wasn't writing
(5) weren't sitting

7

(1) Joe's mother was not learning
(2) I was not using the room
(3) The workers weren't taking notes
(4) The little child wasn't singing his favorite song
(5) The men weren't swimming

(1) I was not [wasn't] studying English then [at that time].
(2) The workers were not [weren't] using computers then [at that time].
(3) He was not [wasn't] singing his favorite song then [at that time].
(4) The girl was not [wasn't] cleaning the [her] room then [at that time].
(5) They were not [weren't] taking notes [a note] then [at that time].

セクション 21

(1) Were you sleeping
(2) Were Daniel and Jane playing
(3) Were the ladies talking, they were
(4) Was the new worker learning, he wasn't
(5) Were your children playing, they were

(1) Were you studying English
(2) Were they running
(3) Were the man and the woman talking
(4) Was the doctor reading the documents
— No, he wasn't
(5) Were the children watching the movie
— Yes, they were

(1) Were you talking with Tom then?
— Yes, I was.
(2) Were they drinking tea then?
— No, they were not [weren't].
(3) Was the doctor reading the documents then?
— Yes, he [she] was.
(4) Was she sleeping then?
— No, she was not [wasn't].
(5) Were you playing outside then?
— Yes, we were.

セクション 22

(1) am going to visit   (2) is going to rain
(3) is going to go   (4) are going to buy
(5) is going to get married

(1) I am going to go
(2) It is going to be fine
(3) He is going to attend the seminar
(4) We are going to contact our manager
(5) Our parents are going to visit us

(1) It is [It's] going to be fine next week.
(2) We are [We're] going to go to Hawaii next week.
(3) I am [I'm] going to buy a new car next month.
(4) She is [She's] going to attend the seminar next March.
(5) The couple is going to get married next year.

セクション 23

(1) am not going to visit
(2) are not going to study
(3) aren't going to have
(4) Is Tony going to meet, he is
(5) Are you going to travel, I'm not

Q2

(1) My aunt is not going to visit
(2) They are not going to learn
(3) They aren't going to invite him
(4) Is Nancy going to meet her client
(5) Are you going to make a cake
 — No, I'm not

Q3

(1) My father is not [isn't] going to buy a new car.
(2) It is not [isn't] going to be fine tomorrow.
(3) She is not [isn't] going to invite him to the party.
(4) Is your mother going to visit France next month?
 — Yes, she is.
(5) Is Mary going to make a cake this afternoon?
 — No, she is not [isn't].

セクション 24

(1) will answer   (2) will be
(3) will visit   (4) will go
(5) will do

(1) He will be 15 years old
(2) She will come back
(3) Our family will visit Okinawa
(4) They will invite Nina
(5) His brother will do his work

(1) I will [I'll] call him soon.
(2) She will [She'll] come back next month.
(3) We will [We'll] meet [see] our father next April.
(4) His mother will wash the dishes after dinner.
(5) Billy will be 20 years old next month.

セクション 25

(1) will not   (2) won't
(3) won't invite (4) Will you call, will
(5) Will you go, won't

(1) She will not come
(2) He won't meet his parents
(3) Nancy won't apologize
(4) Will you contact him
 — Yes, I will
(5) Will you come to our office
 — No, I won't

(1) I will not [won't] apologize to him.
(2) We will not [won't] go to Hawaii next month.
(3) She will not [won't] meet her friend(s) next week.
(4) Will you study English?
 — Yes, I will.
(5) Will they use this computer?
 — No, they will not [won't].

9

確認テスト 1

1
(1) was (2) is washing
(3) drinks (4) isn't going to
(5) like

2
(1) My friend was not [wasn't] very angry at that time.
(2) Does Kate walk to the station every day? — Yes, she does.
(3) Bob will not [won't] apologize to his mother.
(4) Did the little boy go to school yesterday? — No, he did not [didn't].
(5) Is she studying English in her room now? — Yes, she is.

3
(1) Are you going to buy a new computer — Yes, I am
(2) I do my homework in my room
(3) My parents climbed Mt. Fuji
(4) She isn't talking with her teacher
(5) Was Frank in the library — No, he wasn't

4
(1) Do you usually do your [the] homework after dinner? — Yes, I do.
(2) I was watching a movie then [at the time].
(3) It is [It's] going to rain [be rainy] tomorrow.
(4) She is [She's] drinking a cup of coffee now.
(5) Does his brother work in America? — No, he does not [doesn't].

セクション 26

Q1
(1) can swim (2) can speak
(3) can buy (4) can play
(5) can go

Q2
(1) The athlete can run
(2) Richard can speak English and Chinese
(3) The young man can buy a new car
(4) You can play volleyball
(5) You can draw pictures

Q3
(1) The bird can fly.
(2) I can speak English.
(3) They can draw pictures [a picture] very well.
(4) The woman can run very fast.
(5) You can play baseball here.

セクション 27

Q1
(1) can't answer (2) can't find
(3) cannot speak (4) Can you solve, I
(5) Can you help, I can't

Q2
(1) I can't speak Chinese
(2) I can't believe the story
(3) You cannot smoke here
(4) Can you answer the question — Yes, I can
(5) Can you come to our office — No, we can't

Q3
(1) We cannot [can't] believe this story.
(2) You cannot [can't] speak Chinese well.

10

(3) You cannot[can't] dance here.
(4) Can you speak English?
— Yes, I can.
(5) Can they solve this question?
— No, they cannot[can't].

セクション 28

(1) are able to speak (2) is able to play
(3) are able to fly (4) isn't able to use
(5) Is, is

(1) She is able to use a computer
(2) The birds are able to fly
(3) Our teacher is able to solve difficult problems
(4) She isn't able to swim
(5) Is your father able to drive
— Yes, he is

(1) She is[She's] able to speak several languages.
(2) He is[He's] able to solve difficult problems.
(3) My mother is not[isn't] able to drive (a car) well.
(4) Are the birds able to fly fast?
— Yes, they are.
(5) Is John able to use a computer well?
— No, he isn't.

セクション 29

(1) must go (2) must be
(3) must finish (4) must be
(5) must be

(1) We must do our homework
(2) You must tell the truth
(3) You must finish your tasks
(4) She must say "goodbye"
(5) You must be kind to elderly people

(1) We must be kind to elderly people.
(2) You must be careful.
(3) We must go home now.
(4) You must do your homework after dinner.
(5) She must say "goodbye" to you.

セクション 30

(1) must not go (2) must not tell
(3) must not start (4) mustn't say
(5) mustn't be

(1) You must not stay
(2) You must not tell a lie
(3) You mustn't give up
(4) You mustn't touch this vase
(5) You mustn't be careless

(1) You must not[mustn't] say such a thing.
(2) You must not[mustn't] play the guitar here.
(3) You must not[mustn't] tell a lie to anybody.
(4) You must not[mustn't] go out.
(5) You must not[mustn't] be noisy.

セクション 31

(1) have to remember
(2) have to go
(3) has to apologize
(4) don't have to write
(5) doesn't have to buy

(1) You have to apologize
(2) We have to read the book
(3) She has to answer the questions
(4) You don't have to work
(5) He doesn't have to pay

(1) You do not [don't] have to apologize to them.
(2) We do not [don't] have to remember his e-mail address.
(3) He has to work here.
(4) I have to go home now.
(5) My father has to go to Hokkaido next Sunday.

セクション 32

(1) will be able to solve
(2) will be able to learn
(3) will be able to succeed
(4) will have to answer
(5) will have to take

(1) You will have to solve
(2) She will be able to learn
(3) You will be able to succeed
(4) He will have to finish his homework
(5) She will be able to speak English

(1) You will [You'll] be able to succeed.
(2) We will [We'll] be able to learn English.
(3) They will [They'll] be able to finish this homework by next week.
(4) I will [I'll] have to go to America next month.
(5) Tom will have to finish his homework.

セクション 33

(1) Will you   (2) Shall I   (3) Shall we
(4) May I   (5) Can I

(1) Will you open the window
(2) Shall I help you
(3) Shall we dance
(4) May I come to your office
(5) Can I have a piece

(1) Shall we study together?
(2) Can [May] I have a cup of coffee?
(3) Will you open the window?
(4) Shall I help you?
(5) Can [May] I come to the party?

セクション 34

(1) Would you like   (2) Would you like
(3) Would you like   (4) Would you like to
(5) Would you like to

(1) Would you like
(2) Would you like a glass of juice
(3) Would you like some tea

(4) Would you like to buy
(5) Would you like to eat

(1) Would you like a cup of coffee?
(2) Would you like a cup of tea?
(3) Would you like another cookie?
(4) Would you like to buy some books?
(5) Would you like to take some photos?

セクション 35

(1) is this　　　(2) do you want
(3) does she do　(4) does your father eat
(5) are you doing

(1) What is that
(2) What do you eat
(3) What does he do
(4) What does your mother cook
(5) What was she doing

(1) What are these?
(2) What are you going to eat [have] this evening?
(3) What was he doing then?
(4) What is [What's] your mother watching on TV now?
(5) What do you do after school?

セクション 36

(1) happened　　(2) do you like
(3) do you play　(4) do you like
(5) are you studying

(1) What time is it
(2) What fruits do they like
(3) What sports do they usually play
(4) What season does she like
(5) What subject are your children going to study

(1) What time is it now?
(2) What subject(s) are you going to study?
(3) What season do you like?
(4) What sport(s) do you play in winter?
(5) What fruit(s) do your children like?

セクション 37

(1) Who teaches　　(2) Who lives
(3) is the woman　(4) do you respect
(5) is she talking with

(1) Who is going to come
(2) Who studied English
(3) Who is your mother talking with
(4) Who does Sofia love
(5) Who do you like

(1) Who is [Who's] that man?
(2) Who said such a thing?
(3) Who came here yesterday?
(4) Who does she love?
(5) Who is your father talking with now?

セクション 38

(1) Whose dictionaries
(2) Whose pen
(3) Whose books
(4) Whose computer
(5) Whose umbrella

(1) Whose bag is that
(2) Whose computers are those
(3) Whose magazine do you have
(4) Whose idea did they support
(5) Whose car was he driving

Q3
(1) Whose idea is this?
(2) Whose bags are these?
(3) Whose car are you driving?
(4) Whose story did they believe?
(5) Whose computer did you use?

 セクション 39

(1) Which   (2) Which
(3) Which dictionary   (4) Which book
(5) Which are you

(1) Which did you choose
(2) Which bag are you going to buy
(3) Which book is yours
(4) Which building is your school
(5) Which dictionary did you use

Q3
(1) Which is your bag?
(2) Which is her book?
(3) Which car are they going to buy?
(4) Which book did you buy?
(5) Which umbrella is yours?

 セクション 40

(1) are you   (2) do you study
(3) do you come   (4) How many children
(5) How much

(1) How is the weather
(2) How did you come
(3) How are you going to learn
(4) How many books did the writer write
(5) How much did you pay

Q3
(1) How are they?
(2) How did you come here?
(3) How do they go to school?
(4) How many books did you read last year?
(5) How much did you have in your pocket yesterday?

 セクション 41

(1) are you   (2) is the post office
(3) did you live   (4) do you play
(5) is this train going to leave

Q2
(1) How old was he
(2) How old is your school
(3) How long are you going to stay
(4) How often did you travel
(5) How soon will she come back

(1) How far is the library from here?
(2) How old is this church?
(3) How long are you going to stay in Japan?
(4) How often do you study English?
(5) How soon will your father come back?

セクション 42

(1) Where (2) Where (3) When
(4) When   (5) Why

Q2
(1) Where are they going to go
(2) Where do Tom and Bob work
(3) When did she come back to Japan
(4) When are you going to visit London
(5) Why were you angry

(1) Where will they go next Sunday?
(2) Where does your father work?
(3) When did George come to Japan?
(4) Why did you contact her?
(5) Why was she sad?

セクション 43

Q1
(1) Study   (2) Sing   (3) Be
(4) Come   (5) Please take

Q2
(1) Wash your hands
(2) Sit down, please
(3) Please take care of yourself
(4) Watch your step, please
(5) Please be careful

(1) Study English.
(2) Come home now.
(3) Please wash your hands.
   [Wash your hands, please.]
(4) Please sing a song.
   [Sing a song, please.]
(5) Please be kind to elderly people.
   [Be kind to elderly people, please.]

セクション 44

(1) Don't come   (2) Don't touch
(3) Please don't talk (4) Please don't be
(5) Don't swim

(1) Don't say such a thing
(2) Don't speak ill of others
(3) Don't interrupt, please
(4) Please don't get angry
(5) Please don't be nervous

(1) Don't touch this book.
(2) Don't interrupt.
(3) Please don't speak ill of others.
   [Don't speak ill of others, please.]
(4) Please don't be noisy.
   [Don't be noisy, please.]
(5) Please don't talk[speak] too much.
   [Don't talk[speak] too much, please.]

セクション 45

(1) Let's go   (2) Let's sing
(3) Let's eat out   (4) Let's dance
(5) Let's study

(1) Let's take a train
(2) Let's take a walk
(3) Let's drink juice
(4) Let's play soccer in the park
(5) Let's watch YouTube videos

(1) Let's study Chinese.
(2) Let's dance.
(3) Let's eat out.
(4) Let's play baseball in the park.
(5) Let's drink wine tonight.

セクション 46

(1) There is   (2) There are
(3) There is   (4) There were
(5) There was

(1) There is a cup
(2) There is a little girl
(3) There were some chairs in the room
(4) There is a small cat on the sofa
(5) There were a lot of guests at the party

(1) There are some magazines on the table.
(2) There are three chairs in this room.
(3) There are a lot of books in this box.
(4) There were some students in the classroom.
(5) There was a little girl in the park.

セクション 47

(1) There is not   (2) There are not
(3) There weren't   (4) Was there, there
(5) Are there, aren't

(1) There aren't any boys in the room
(2) There wasn't a key in my pocket
(3) There isn't a large park in this city
(4) Are there any suitcases in the lobby
 — Yes, there are
(5) Is there a kangaroo in the zoo
 — No, there isn't

(1) There was not[wasn't] a book on the desk.
(2) There are not[aren't] any students in this room.
(3) Is there a key on the chair?
 — Yes, there is.
(4) Were there a lot of students in this classroom?
 — Yes, there were.
(5) Were there any boys in the park?
 — No, there were not[weren't].

確認テスト 2

(1) can speak   (2) are   (3) be
(4) don't have to (5) How many brothers

2
(1) There is a bird in the tree.
(2) The athlete is able to swim very fast.
(3) All the students will have to stay at home tonight.

(4) Whose rackets are these?
(5) What did her brother eat for lunch?

3
(1) He will be able to speak English
(2) Would you like to take a break
(3) Why is he talking with his teacher
(4) When will you come back to Japan
(5) There weren't any large houses around here

4
(1) Let's sing an English song[English songs].
(2) How old will you be next year?
(3) Would you like another glass of juice?
(4) Who came here last night?
(5) What is his name?

セクション 48

(1) to play   (2) to learn
(3) to be   (4) to visit
(5) to collect

Q2
(1) to play the guitar
(2) to apologize
(3) to be a math teacher
(4) to travel abroad
(5) to have a new car

Q3
(1) I like to play baseball.
(2) I want to be an excellent doctor in the future.
(3) I decided to write a novel.
(4) I hope to go to Italy.
(5) My hobby is to read books.

セクション 49

(1) to study   (2) to take
(3) to pass   (4) so as to meet
(5) in order to succeed

(1) to buy some food
(2) to meet her friends
(3) to take care of my little son
(4) in order to make a lot of money
(5) so as to take the first train

(1) She came back early to take care of her little child.
(2) They had to get up early to take the first train.
(3) She went to Tokyo to meet[see] her friends.
(4) Takashi is going to[will] go to Australia to study English.
(5) I have to work hard to make a lot of money.

セクション 50

(1) to meet   (2) to hear   (3) to watch
(4) to know   (5) to solve

(1) glad to meet his old friends
(2) surprised to know the result
(3) very sad to hear the rumor
(4) very excited to meet a famous athlete
(5) very happy to meet you here

(1) I am [I'm] happy to meet [see] you.
(2) She was excited to hear his song(s).
(3) They were surprised to hear the news.
(4) We were very happy to meet [see] our old friends.
(5) He was very sad to know his father's death [the death of his father].

セクション 51

(1) to eat   (2) to solve   (3) to talk with
(4) to do their homework   (5) to swim fast

Q2

(1) He wants something to drink
(2) We have no time to relax
(3) She has the ability to speak
(4) The elderly woman needed a chair to sit on
(5) I want something hot to eat

Q3

(1) We want something to eat.
(2) They will have a serious problem to solve.
(3) My brother has a lot of friends to talk with.
(4) We have a lot of time to do our homework.
(5) The actor has the ability to speak some languages.

セクション 52

(1) traveling abroad   (2) talking
(3) writing a letter   (4) working
(5) reading

(1) We started working at this office
(2) He finished doing his homework
(3) She stopped smoking
(4) My friend and I enjoyed talking
(5) My hobby is collecting stamps

Q3

(1) My hobby is learning [studying] a foreign language.
(2) We like traveling abroad.
(3) The novelist began [started] writing a new novel.
(4) My brother finished doing his homework just now.
(5) My father stopped drinking coffee.

セクション 53

(1) and   (2) and   (3) or   (4) and   (5) or

(1) but he wasn't able to pass
(2) a strong and kind man
(3) and you will be happy
(4) do you want to read, this book or
(5) or you will be late for

Q3

(1) Tom and Ken are good friends.
(2) Hurry up, or you will not [won't] catch the train.
(3) She studied hard, but she wasn't able to [couldn't] pass the test.
(4) Get up early, and you will [you'll] catch the bus.
(5) She is a kind and beautiful woman [lady].

セクション 54

(1) If it is
(2) if you are
(3) because they were
(4) because they wanted
(5) because she was talking

(1) If it is fine tomorrow
(2) if you are very tired
(3) because they were happy
(4) because they wanted to be rich
(5) because she had a lot of things to do

(1) If she comes, I want to go there, too.
(2) Let's go out if it is[it's] fine tomorrow.
(3) She went to bed early because she was tired.
(4) He worked hard because he wanted to be rich.
(5) I don't want to waste my time because I have a big[large] dream.

セクション 55

(1) When she heard
(2) when someone called
(3) Before he got
(4) before it gets
(5) After the train left

(1) When she arrived at the station
(2) when Nick called her
(3) Before he got on the train
(4) before we leave the office
(5) After his mother went out of the room

(1) When the train arrived at the station, it began to rain.
 [It began to rain when the train arrived at the station.]
(2) When she finished eating dinner, her husband came (back) home.
 [Her husband came (back) home when she finished eating dinner.]
(3) Before he did his homework, he took a bath.
 [He took a bath before he did his homework.]
(4) Before my father leaves home, he reads the newspaper.
 [My father reads the newspaper before he leaves home.]
(5) After my father checked the documents, he left the office.
 [My father left the office after he checked the documents.]

セクション 56

(1) that the earth is
(2) that the team will lose
(3) that the world will change
(4) he told
(5) she will come

(1) that a week has seven days
(2) that the team will win the next game
(3) that technology will change the world
(4) the new findings are very useful
(5) my son will pass the test

(1) I know (that) the earth is round.
(2) She thinks (that) her dream will[is going to] come true.
(3) They believe (that) our team will[is going to] win the next game.
(4) I think (that) he told a lie.
(5) The scientists think (that) the result is important.

(1) at   (2) for   (3) by
(4) during   (5) on

(1) was standing during the concert
(2) was born in August
(3) has to go home by five
(4) stayed at this hotel for five days
(5) Our school begins in April

(1) Our school begins[starts] at nine (o'clock).
(2) She stayed in Tokyo for three days.
(3) What are you going to[will you] do during Christmas?
(4) I was born on November 20.
(5) I must[have to] leave at seven (o'clock) this morning.

セクション 58

(1) on   (2) over   (3) for
(4) from, to   (5) in

(1) He comes from China
(2) He was walking with an umbrella over his head
(3) There was a large poster on
(4) He walks to school
(5) My father and I arrived at the station

(1) How far is it from Tokyo to Osaka?
(2) There is a fly on the ceiling.
(3) My parents arrived in Hong Kong this morning.
(4) The train left for Tokyo.
(5) New York is in the east of America.

セクション 59

(1) She was happy.
(2) Her mother is sad.
(3) Look at these beautiful flowers.
(4) John is a kind boy.
(5) Our teacher is very friendly.

(1) She heard a sad story
(2) These are very beautiful stones
(3) He is a kind man
(4) Be careful, please
(5) Her mother is a very friendly woman

(1) This book was useful.
(2) We heard a sad story last night.
(3) He is a very careful man.
(4) Our teacher is very friendly.
(5) This is not an easy question.

セクション 60

(1) slowly　　(2) easily　　(3) carefully
(4) happily　　(5) sadly

(1) We have to get up early
(2) Please speak a little slowly
(3) The bird can fly very fast
(4) She answered those questions carefully
(5) My grandmother was looking at the picture sadly

(1) The woman spoke English very slowly.
(2) Simon opened the box carefully.
(3) He is[He's] reading the letter happily.
(4) My father can run fast.
(5) I must[have to] get up early tomorrow morning.

セクション 61

(1) as Tom　(2) as the man
(3) as her mother　(4) as you　(5) isn't

(1) He is as tall as
(2) The man was as kind as you
(3) You look as busy as your father
(4) My mother can swim as fast as
(5) She can't speak English as well

(1) He is[He's] as old as my brother.
(2) I was as busy as my manager.
(3) Her cat was as pretty as mine[my cat].
(4) She can speak English as well as you.
(5) I am[I'm] not as[so] tall as you.

セクション 62

(1) taller　　(2) longer　　(3) richer
(4) larger　　(5) busier

(1) is longer than that one
(2) was larger than our country
(3) The map is bigger than this one
(4) The man was busier than
(5) The woman looks happier than you

(1) This desk is cheaper than that one.
(2) She was kinder than you.
(3) My father is younger than my mother.
(4) This school is bigger[larger] than our school.
(5) This boy looks busier than that girl.

セクション 63

(1) more famous　　(2) more useful
(3) more difficult　　(4) more interesting
(5) more expensive

(1) The player was more popular
(2) The computer is more expensive
(3) The problem was more difficult than this one
(4) Is the magazine more interesting than that one
(5) The new machine looks more powerful than the old one

21

(1) This song was more popular than that one.
(2) This problem looked more difficult than that one.
(3) This machine is more expensive than the old one.
(4) The player became more famous than that one.
(5) Is this novel more interesting than that one?

セクション 64

(1) better　　(2) better　　(3) better
(4) worse　　(5) worse

(1) This program was better
(2) The game last night was better
(3) I can play the guitar better
(4) This machine was worse
(5) His situation looks worse

(1) His score was better than mine.
(2) He can speak English better than my aunt.
(3) My mother can cook better than my father.
(4) This computer is worse than that one.
(5) Today's game was worse than the yesterday's one[game].

セクション 65

(1) highest　　(2) brightest　　(3) busiest
(4) youngest　　(5) fastest

(1) The Nile is the longest river
(2) She is the tallest
(3) The population of the city is the largest
(4) The player looks the strongest
(5) My mother gets up the earliest

(1) She is the brightest girl in this class.
(2) My father looked the busiest in the office.
(3) Tokyo is the biggest[largest] city in Japan.
(4) My father gets up the earliest in my family.
(5) Peter can run the fastest in my school.

セクション 66

(1) most famous　　(2) most useful
(3) most difficult　　(4) most expensive
(5) most beautiful

(1) The man spoke English the most slowly
(2) The computer is the most expensive
(3) The question looks the most difficult
(4) The food is the most delicious
(5) The story was the most interesting one

(1) This food was the most delicious at this restaurant.

22

(2) This song is the most popular one in Japan.
(3) She became the most famous actor in the world.
(4) The elderly woman spoke English the most slowly of all.
(5) He solved the question the most easily in his class.

セクション 67

(1) best　　(2) best　　(3) best
(4) worst　(5) worst

(1) He is the best politician
(2) This movie is the best
(3) He became the best athlete
(4) This was the worst story
(5) The article of this newspaper was the worst one

(1) He was the best politician in Japan.
(2) This movie is the best one[movie] of all.
(3) She is the best actor in Japan.
(4) This is the worst story of all.
(5) This article is the worst of all.

セクション 68

(1) better　　(2) better　　(3) better
(4) the best　(5) the best

(1) I like Japanese history better
(2) I like bananas better than grapes
(3) They like tennis better than table tennis
(4) We like winter the best of all the seasons
(5) I like Kyoto the best of all the cities

③
(1) I like soccer better than baseball.
(2) We like cooking better than traveling.
(3) They like winter better than summer.
(4) I like spring the best of all the seasons.
(5) My mother likes tennis the best of all the sports.

確認テスト 3

①
(1) to travel　(2) at　(3) slowly
(4) that　　　(5) better

②
(1) She looks younger than my sister.
(2) My friend, Tomoko, is the brightest in this class.
(3) The man likes playing baseball with his friends.
(4) My father usually gets up as early as my mother.
(5) She practices a lot so as to be a professional musician.

③
(1) Hurry up, or you can't catch the first train
(2) I think that he will come here
(3) She became the most famous soccer player several years later
(4) I like watching soccer better than playing it
(5) If it is fine tomorrow, I will go shopping with my mother

④
(1) We think (that) she will come to the party.

(2) She was born in 2010.
(3) The animal[animals] can run very fast.
(4) Please wash your hands before you eat lunch.
[Wash your hands before you eat lunch, please.]
(5) We were very surprised to hear the news.

セクション 69

(1) is loved　　(2) was held
(3) is used　　(4) is spoken
(5) was made

(1) This singer is respected
(2) The baby was held
(3) This smartphone was bought by my father
(4) English and French are spoken
(5) These new smartphones were made in Japan

(1) This teacher is respected by a lot of students.
(2) This program is watched by a lot of people around the world.
(3) This song is sung by a lot of young people in Japan.
(4) English is spoken in Canada.
(5) These products are made in Japan.

セクション 70

(1) to　　(2) for　　(3) as
(4) from　　(5) of

(1) is known to a lot of people
(2) is known for its tea and Mt. Fuji
(3) is known as the best player
(4) is made from rice
(5) are made of paper

(1) This story is known to a lot of Japanese people.
(2) Nara is known for its old temples.
(3) Ichiro was known as a great baseball player in Japan.
(4) Cheese is made from milk.
(5) A lot of books are made of paper.

セクション 71

(1) is not spoken
(2) were not used
(3) Is French taught
(4) Were those tables made
(5) Was this book sold

(1) Japanese is not spoken
(2) These books were not sold
(3) Is Germany taught to the students
— Yes, it is
(4) Were those chairs made
— No, they weren't
(5) Was this novel read by a lot of people
— Yes, it was

(1) Chinese is not[isn't] spoken in Japan.
(2) Are these computers made in Japan?
(3) Are French and English spoken in Canada?

(4) Is Kyoto known for its old temples?
(5) This book <u>is not</u> [isn't] sold in Europe now.

セクション 72

(1) have used   (2) has visited
(3) have met   (4) have written
(5) has taught

(1) I have read this magazine
(2) He has visited New Zealand three times
(3) We have seen the famous designer once
(4) I have written letters to my grandfather many times
(5) She has learned Japanese history before

(1) I have read this book before.
(2) She has visited Okinawa three times.
(3) We have seen the popular athlete once.
(4) My brother has written a novel before.
(5) I have taught English to Japanese students many times.

セクション 73

(1) has already left
(2) has just gone
(3) have already finished
(4) has just read
(5) has already watched

(1) The train has already arrived
(2) My brother has just finished the work
(3) These students have already finished their homework
(4) The office worker has just read the newspaper
(5) His mother has already cleaned the bathroom

(1) The train has just left the station.
(2) My wife has just finished (her) lunch.
(3) The student has already finished the homework.
(4) I have already read the book.
(5) My father has just washed the bathroom.

セクション 74

(1) have lived   (2) have had
(3) have known   (4) has worked
(5) has been in

(1) The tourists have stayed
(2) The family has had this car
(3) The man has lived in Thailand for more than
(4) Takashi and Ken have known each other since 2010
(5) The workers have worked in Japan since

(1) We have lived in this country for 20 years.
(2) I have kept the dog for three years.

(3) Kent and Jessie have known each other for more than two years.
(4) My father has worked for this company since 2018.
(5) I have loved Katie for a long time.

セクション 75

(1) have been teaching
(2) have been reading
(3) has been using
(4) has been playing
(5) have been listening

(1) We have been waiting
(2) She has been reading this novel
(3) He has been using this smartphone
(4) My mother has been teaching math for five years
(5) We have been thinking about the problem for two weeks

(1) We have been waiting for you since this morning.
(2) She has been writing a new novel for two years.
(3) My daughter has been studying Spanish for three months.
(4) He has been using this smartphone for about 30 minutes.
(5) The professor has been thinking about the problem for a long time.

セクション 76

(1) has never visited (2) have never heard (3) have not met (4) has not known
(5) has not got

(1) I have never learned a foreign language
(2) I haven't seen my favorite movie
(3) He hasn't known her birthplace
(4) My father hasn't lived
(5) My grandmother has never been to Hawaii

(1) My parents have never been to Hawaii before.
(2) My father has not [hasn't] drunk coffee yet.
(3) My friend has never lived in Japan.
(4) My grandmother has not [hasn't] got back home yet.
(5) They have never studied a foreign language before.

セクション 77

(1) Have you ever visited
(2) Has she ever met
(3) Have you lived
(4) Has your father been reading, he hasn't
(5) Has the bus left, it has

(1) Have you ever been to Hawaii
(2) Has my mother ever met
(3) Have you lived in Kagoshima
(4) Has he been working
(5) Has the train left
— Yes, it has

Q3

(1) Have you (ever) been to Osaka before?
 — Yes, I have.
(2) Has your mother (ever) worked in London before?
 — Yes, she has.
(3) Has she lived in Hawaii for a long time?
 — No, she has not [hasn't].
(4) Has your brother been studying English for three hours?
 — Yes, he has.
(5) Have you finished your [the] homework yet?
 — No, I have not [haven't].

セクション 78

Q1

(1) have you known
(2) has she stayed
(3) have you visited
(4) have you seen
(5) has the girl read

Q2

(1) How long have you lived
(2) How long has she stayed
(3) How long have you been studying English
(4) How many times have you seen her
(5) How many times have you read the book

Q3

(1) How long have you stayed here?
(2) How long have you been studying English?
(3) How long has your father been working there?
(4) How many times have you visited Korea?
(5) How many times have they seen the movie before?

セクション 79

Q1

(1) He is kind. 【2】
    S V C
(2) He became a teacher. 【2】
    S   V   C
(3) I love you. 【3】
    S V   O
(4) My father got a nice camera. 【3】
      S   V   O
(5) Her school starts at 8:30. 【1】
      S   V   M

Q2

(1) He works in Bangkok 【1】
(2) His brother is very hungry 【2】
(3) My daughter became a doctor 【2】
(4) He likes English 【3】
(5) The woman studied Japanese history 【3】

Q3

(1) The man works in Chicago. 【1】
(2) I was very happy. 【2】
(3) She became a flight attendant. 【2】
(4) He likes soccer. 【3】
(5) The man invited a lot of friends to the party. 【3】

セクション 80

Q1

(1) My grandmother gave me some books.
        S   V   O   O
(2) He taught me English last year.
    S   V   O   O   M

27

(3) My father told me the story
     S   V   O   O
   about the town.
     M

(4) She showed me some pictures.
     S   V   O   O

(5) He sent me a couple of e-mails.
     S   V   O   O

(1) showed me some documents
(2) taught me English
(3) gave me some pencils and erasers
(4) sent his workers e-mails
(5) told us the story about the war

(1) My mother made me a cake.
(2) My teacher taught me English yesterday.
(3) The teacher gave me some documents.
(4) She wrote me a letter.
(5) My father told me an old story.

セクション 81

(1) I made you happy.
    S V   O   C

(2) His behavior made his father
       S   V   O
    angry.
     C

(3) She found the book interesting.
     S   V   O   C

(4) We found the data useful.
     S   V   O   C

(5) The machine made my life
       S   V   O
    convenient.
        C

(1) made us happy
(2) will make his parents sad
(3) found the books very interesting
(4) found the information very useful
(5) made us very rich

(1) I want to make her happy.
(2) We found his story very useful.
(3) The technology made our life very convenient.
(4) The woman found this book very interesting.
(5) Our ways of thinking will make us rich.

セクション 82

(1) to tell   (2) to study   (3) to speak
(4) for her to go   (5) for you to see

(1) It is good to help
(2) It is difficult for us to learn
(3) It is difficult for you to go there
(4) It is important for us to take care of ourselves
(5) It is not good to complain about something

(1) It is good to help elderly people.
(2) It is useful for you to learn a foreign language.
(3) It is not difficult for him to go there alone.
(4) It is important to study hard.
(5) It is not good to speak ill of others.

セクション 83

(1) what to do
(2) what to buy
(3) how to cook
(4) where to buy
(5) when to announce

(1) what to do next
(2) what to buy at that store
(3) how to learn a foreign language
(4) where to go next summer
(5) when to start our business

(1) I know what to say to[tell] him.
(2) Do you know what to buy at the store?
(3) They asked me where to go.
(4) We asked our parents where to buy eggs.
(5) We don't know when to study.

セクション 84

(1) too busy　(2) too heavy　(3) too fast
(4) easy enough　　(5) kind enough

(1) too tired to work
(2) too heavy for the girl to carry
(3) too fast for them to understand
(4) easy enough for us to solve
(5) light enough for me to carry

Q3
(1) The woman was too busy to sleep well.
(2) We are too tired to work any more.
(3) This question is too difficult for us to solve.
(4) The desk was light enough for me to carry.
(5) The woman was kind enough to help an elderly man.

セクション 85

(1) want my children to be
(2) wants you to tell
(3) want you to cancel
(4) would like you to call
(5) would like your team to win

(1) wants you to be honest
(2) want you to feel happy
(3) want you to give up your dream
(4) would like you to contact me
(5) would like the boxer to win the next match

(1) I want you to be happy.
(2) We would like them to be honest.
(3) They don't want me to go abroad.
(4) I would like you to have a dream.
(5) We want your team to win the next match[game].

セクション 86

(1) tells us to be
(2) told us to come
(3) told us to do
(4) tells her son to clean
(5) told their daughter to write

Q2

(1) told him to be kind
(2) asked you to study harder
(3) tells me to make a lot of efforts
(4) My mother often tells me to clean my room
(5) They asked us to send an e-mail to them

 Q3

(1) She asked me to come back home soon.
(2) My parents always tell me to make a lot of efforts.
(3) Our teacher asked us to clean our[the] classroom.
(4) My father told me to study harder.
(5) My mother told us to be kind to elderly people.

セクション 87

 Q1

(1) made me study
(2) let us take
(3) saw a young man sing
(4) heard a musician play
(5) felt someone touch

 Q2

(1) made me go abroad
(2) let us take a day
(3) saw her little son play
(4) heard a comedian tell
(5) felt someone touch her hands

 Q3

(1) My father made me study.
(2) We let him go abroad.
(3) We saw her enter the post office.
(4) They heard me sing a song.
(5) The man felt someone touch his head.

確認テスト 4

 1

(1) was written   (2) has been to
(3) what to do   (4) for you
(5) of

2

(1) The man is very tall.
    S   V   C
(2) My father has lived in Thailand
    S   V   M
    for three years.
    M
(3) The man gave his wife a good present
    S   V   O   O
    yesterday.
    M
(4) Smartphones made our life
    S   V   O
    more comfortable.
    C
(5) The woman drew a picture of Mt. Fuji.
    S   V   O   M

3

(1) Have your parents lived in Nara for almost 20 years?
(2) The train has not[hasn't] left Osaka Station yet.
(3) Were these glasses made in China?
(4) How many times has your brother visited Beijing?

4

(1) It is important for us to study a foreign language
(2) He was too busy to contact his teacher
(3) My father always tells us to be kind to others

(4) My mother made him apologize to me

5
(1) Do you know what to do?
(2) I have known him for five years.
(3) We heard our children sing a song[songs].
(4) How many times have you met him before?

(1) what you want
(2) why you said
(3) when your friend will come
(4) where he is going
(5) how we should study

Q2
(1) what he wanted to say
(2) why you did such a terrible thing
(3) when she will come back to Japan
(4) how the machine works
(5) how much I would spend on clothes

Q3
(1) I know what she did.
(2) My parents don't know why I did such a thing.
(3) Do you know when he will come home?
(4) Do you want to know how much he spent on books?
(5) I'll show you how the machine works.

セクション 89

(1) so busy　　(2) so kind
(3) so heavy　　(4) that we can't
(5) that I was not able to take

(1) so rich that he was able to buy a new car
(2) so tall that we recognized him
(3) so fast that I was not able to catch up with him
(4) so late that I was not able to be in time for school
(5) so hard that he was able to pass the test

(1) He is so busy that I cannot[can't] go out with him.
(2) She spoke so fast that I was not able to understand her.
(3) The man was so rich that he was able to live in a large house.
(4) My daughter studied so hard that she was able to pass the test.
(5) I got up so late that I was late for school.

セクション 90

(1) How busy
(2) How fast
(3) How slowly
(4) What a difficult question
(5) What kind girls

(1) How busy she was
(2) How fast you could run
(3) How slowly the animal walks
(4) What easy questions these are
(5) What a cute baby she is

(1) How busy he was!
(2) What a good book she has!
(3) How fast the animal can run!
(4) What difficult questions these are!
(5) How cute the baby is!

セクション 91

(1) isn't he   (2) didn't she
(3) won't you   (4) are they
(5) can you

(1) is your brother, isn't he
(2) studied music in Italy, didn't she
(3) will get married next June, won't you
(4) aren't his glasses, are they
(5) can't speak French, can you

(1) He is your teacher, isn't he?
(2) You want to study English, don't you?
(3) You are going to go to France next year, aren't you?
　　[You will go to France next year, won't you?]
(4) The bird can't[cannot] fly, can it?
(5) Kenji was not busy yesterday, was he?

セクション 92

(1) were   (2) were   (3) had
(4) would join   (5) could meet

(1) if I were you
(2) if I were rich
(3) If you studied harder
(4) You would make a lot of money
(5) it would be more fun

(1) If I were you, I would not do it.
(2) I would travel abroad if I were rich.
(3) If you worked harder, you could make a lot of money.
(4) You could meet her if you came here.
(5) If I had a car, I would go to the lake.

セクション 93

(1) were   (2) were
(3) would come   (4) could buy
(5) knew

(1) he would come with you
(2) I could contact her
(3) I could speak Chinese well
(4) I wish I could buy a new bike
(5) I wish I could take a break

(1) I wish I were a bird.
(2) I wish I could buy a new computer.
(3) I wish she could come to the party.
(4) I wish I could speak English well like you.
(5) I wish they would meet me.

セクション 94

Q1
(1) had finished (2) had had
(3) had known (4) would have walked
(5) would not have failed

Q2
(1) I would have helped you
(2) If she had had a lot of money
(3) if I had known her e-mail address
(4) If you had caught the train
(5) You would not have succeeded

Q3
(1) If I had had time, I could have met[seen] you.
(2) She would have succeeded if she had followed my advice.
(3) If he had got up earlier, he could have caught the train.
(4) I could have helped you if I had not been tired.
(5) If you had not studied hard, you would not have passed the test.

セクション 95

Q1
(1) the flying bird
(2) the crying baby
(3) walking over there
(4) playing baseball
(5) working in the office

Q2
(1) the crying child
(2) the sleeping baby
(3) the big bird flying over there
(4) a man working in the theater
(5) a few children running around the park

Q3
(1) Look at the sleeping baby.
(2) Look at the bird flying over there.
(3) I know the crying boy.
(4) There were a lot of men working in the office.
(5) Can you see a few children running over there?

セクション 96

Q1
(1) the broken window
(2) printed in our office
(3) used by a lot of people
(4) made in Japan
(5) read by young people

Q2
(1) the broken window
(2) some tables made in Italy
(3) a computer used by a lot of people
(4) The languages spoken in the country
(5) The novel read by young people

Q3
(1) Look at the broken window.
(2) The teacher bought a computer used by a lot of people in Japan.
(3) The language spoken in Japan is Japanese.
(4) The song sung by the young people is very popular.
(5) I want a table made in Italy.

セクション 97

(1) who works (2) who live
(3) who lives (4) who wrote
(5) who got injured

(1) who lives in Russia
(2) who works for the company
(3) who usually teaches English to us
(4) who decided to go to America
(5) who have visited Paris

(1) We know the woman who lives in Seattle.
(2) They have a friend who can write a novel very well.
(3) The man who decided to live in America is my uncle.
(4) I have a child who works in Tokyo.
(5) He has a daughter who has lived in Paris before.

セクション 98

(1) which will be sold
(2) which can fly
(3) which was built
(4) that is sleeping
(5) that will be closed

(1) a computer which will be used
(2) an event which took place
(3) the picture that can be bought
(4) the dog that is baking over there
(5) which was on the wall of the room

(1) We want a computer which was sold last year.
(2) These are birds which can fly very fast.
(3) This is an event which took place in 2015.
(4) Look at the animal which is sleeping over there.
(5) The map which was on the wall was very large.

セクション 99

(1) which (2) that (3) which
(4) that   (5) which

(1) which a lot of girls like
(2) which many people wanted to have
(3) that many Japanese visit
(4) that your brother was looking for
(5) we have read many times

(1) This is the song that young people like very much.
(2) Are these books which you are looking for?
(3) The sport which I like the best is tennis.
(4) The computer that I have wanted for a long time is expensive.
(5) I have the novel that she wrote last year.

セクション100

(1) whom　　(2) that
(3) that　　(4) who
(5) that

(1) whom you have wanted to talk
(2) that many young people respect
(3) The man that we were waiting for
(4) The baseball player we like the best
(5) the man we were talking about

(1) I know the actor whom you like.
(2) This is the athlete that a lot of players respect.
(3) The man who we were waiting for didn't come.
(4) I want to meet[see] the woman that we were talking about yesterday.
(5) The baseball player that you like (the) best went to America.

確認テスト 5

1
(1) were　　(2) had visited　　(3) who
(4) which　　(5) What　　(6) singing

2
(1) He will answer your question, won't he?
(2) There aren't any students in this class, are there?
(3) Mr. Yamamoto is a manager that every worker respects very much.
(4) How handsome he is!

3
(1) so busy that I couldn't call him
(2) I have two sons who live in Tokyo
(3) I were a bird, I could fly to you
(4) I will ask her when she will have time
(5) I am sure that she will succeed
(6) What good friends they are

4
(1) You were busy yesterday, weren't you?
(2) Do you know the crying baby?
(3) She told me (that) her mother was sick.
(4) Tokyo is the city which a lot of people have visited.